Les éditions Crayonas

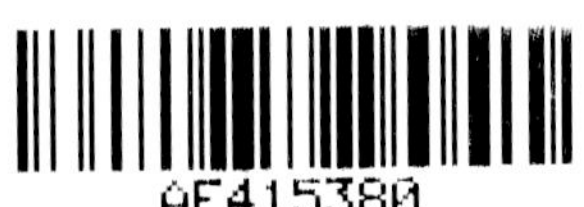

Cahier de coloriage

VOITURES

Ce cahier

appartient à

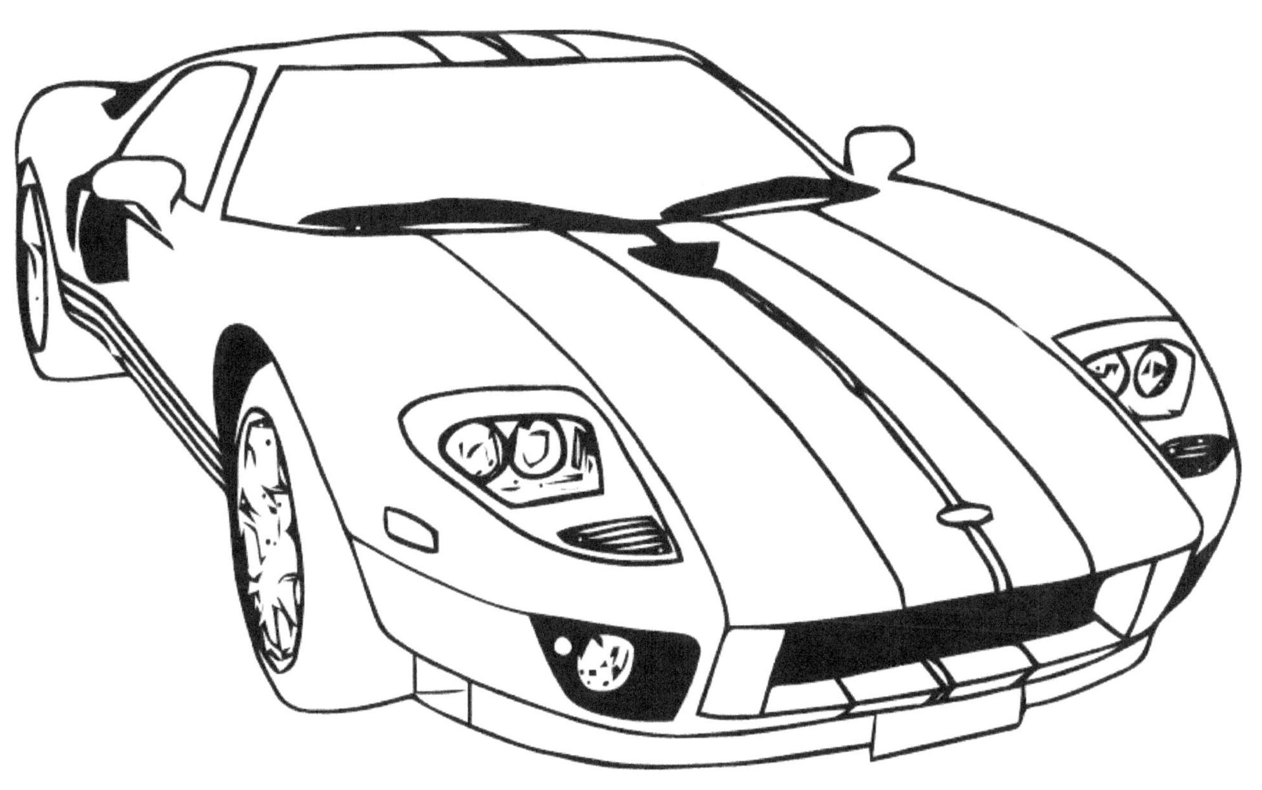

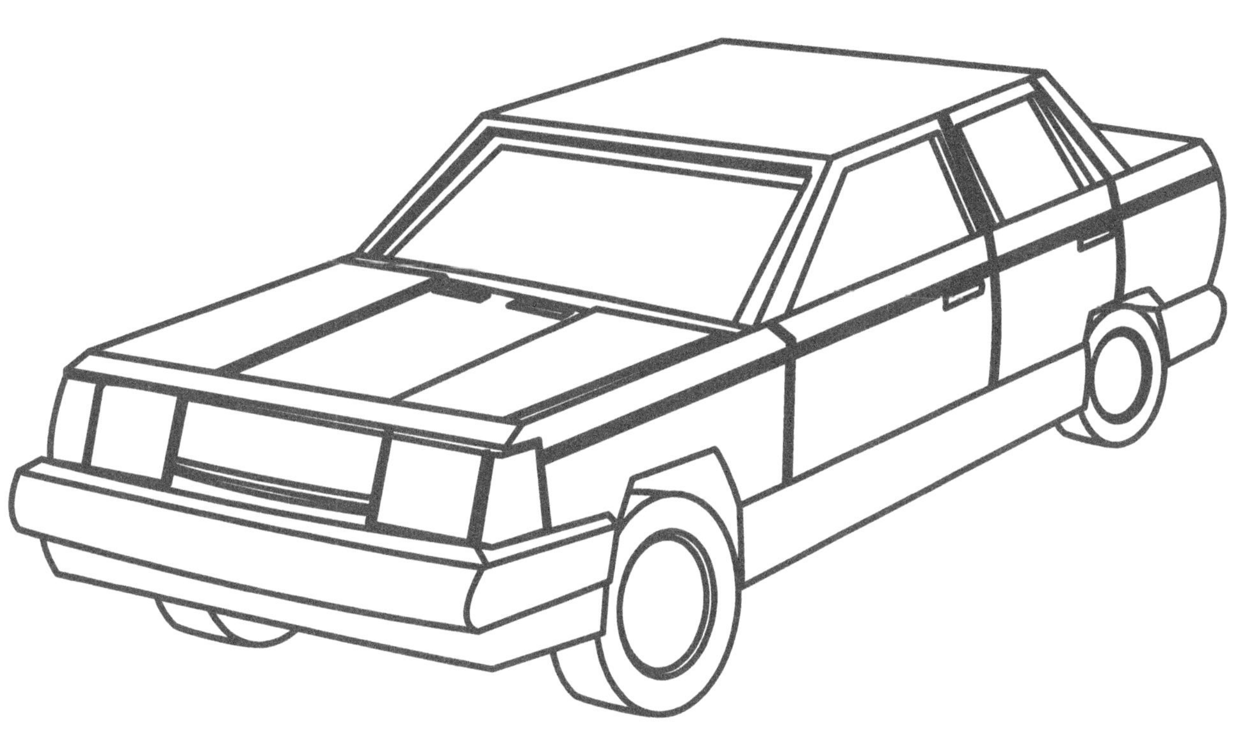

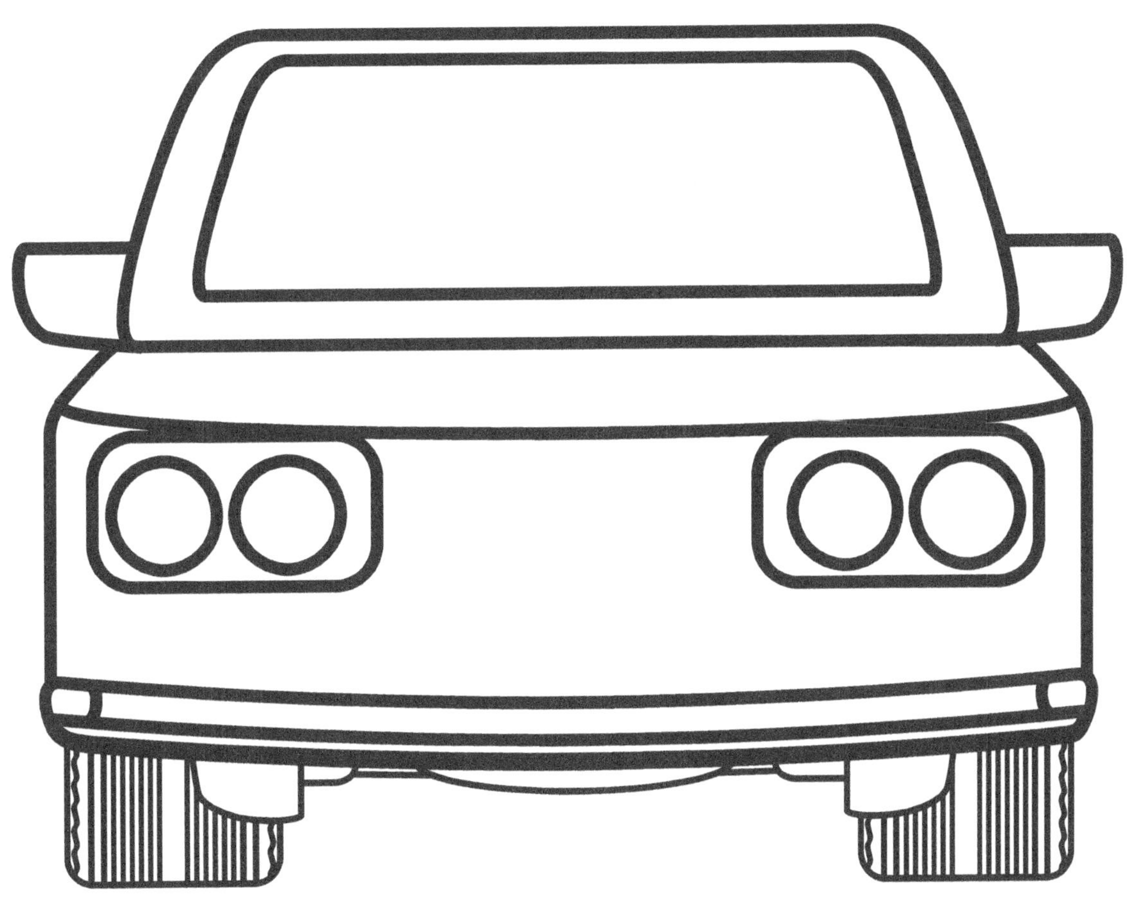

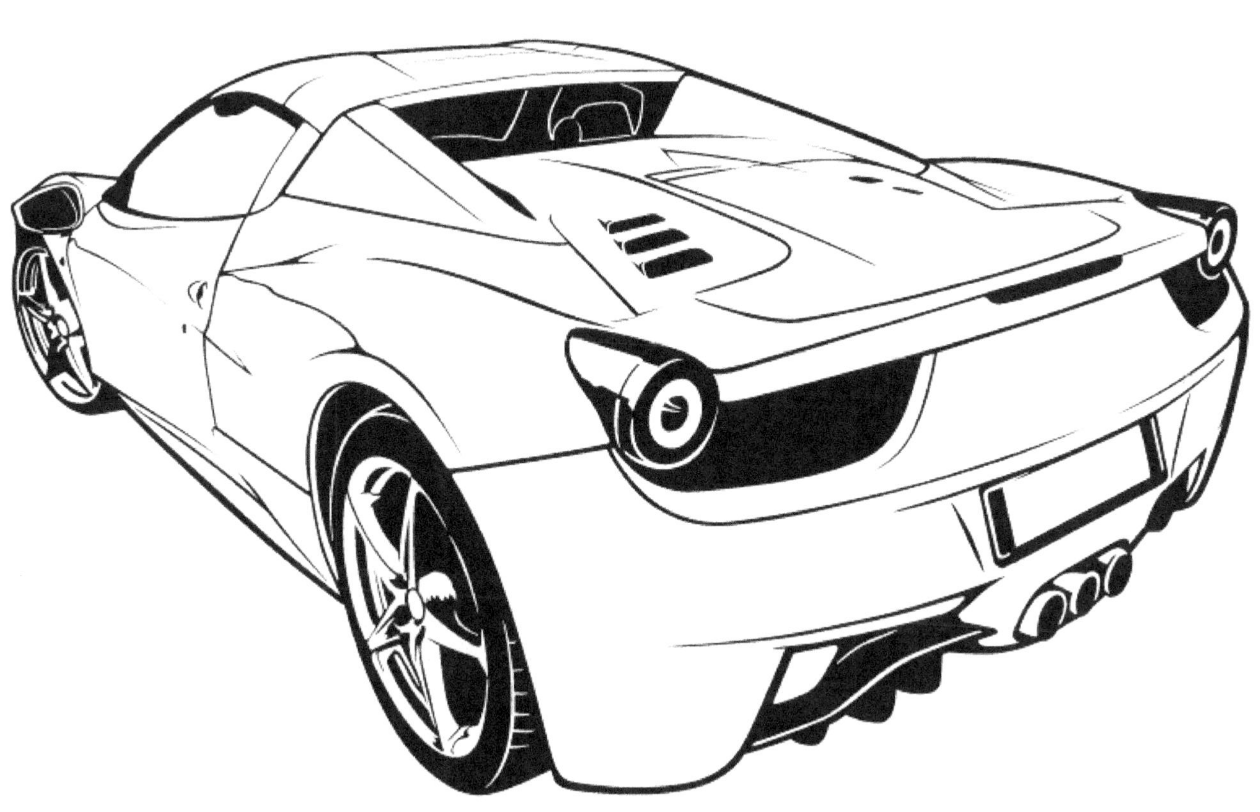

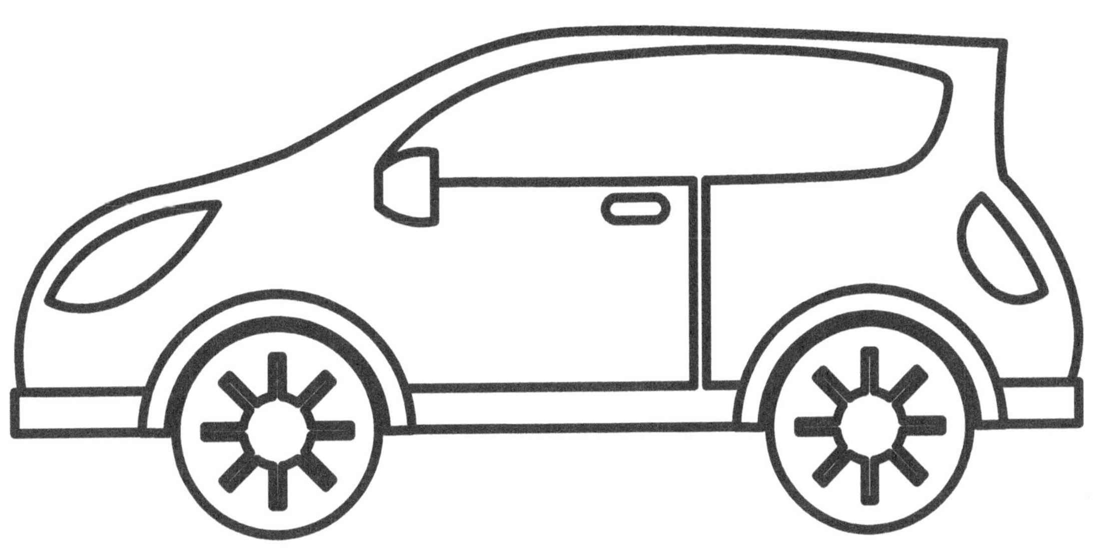

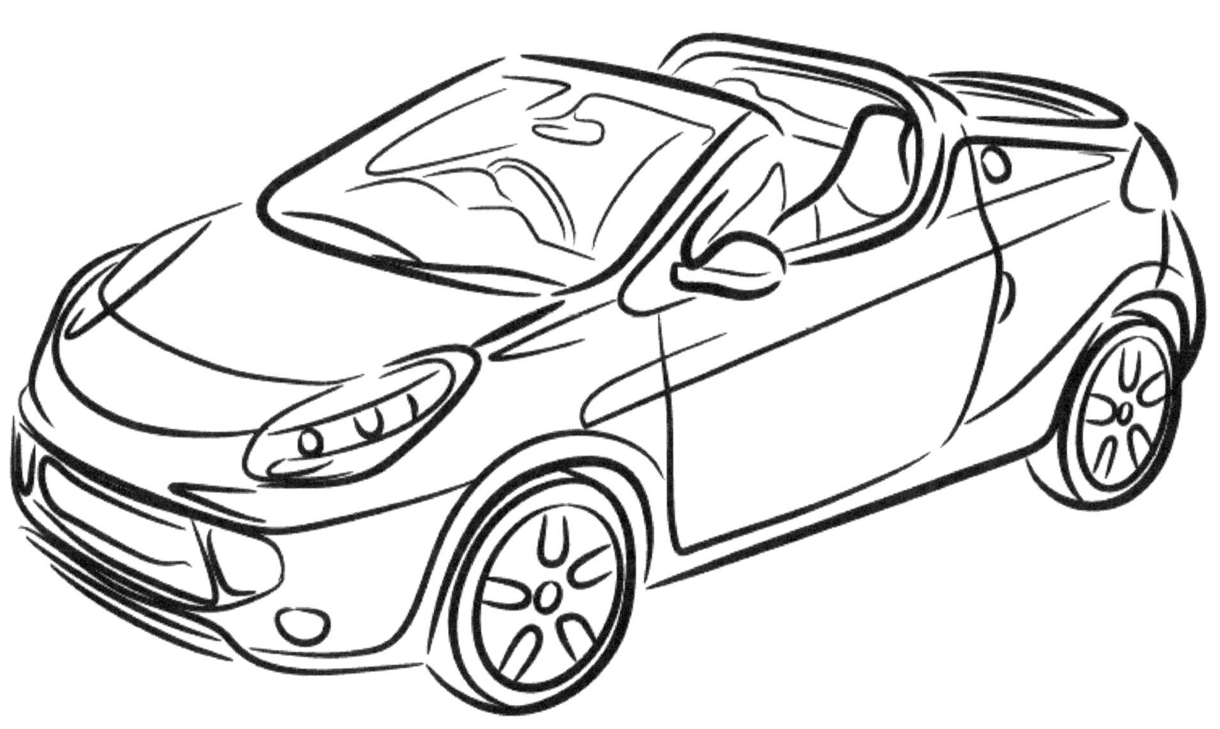

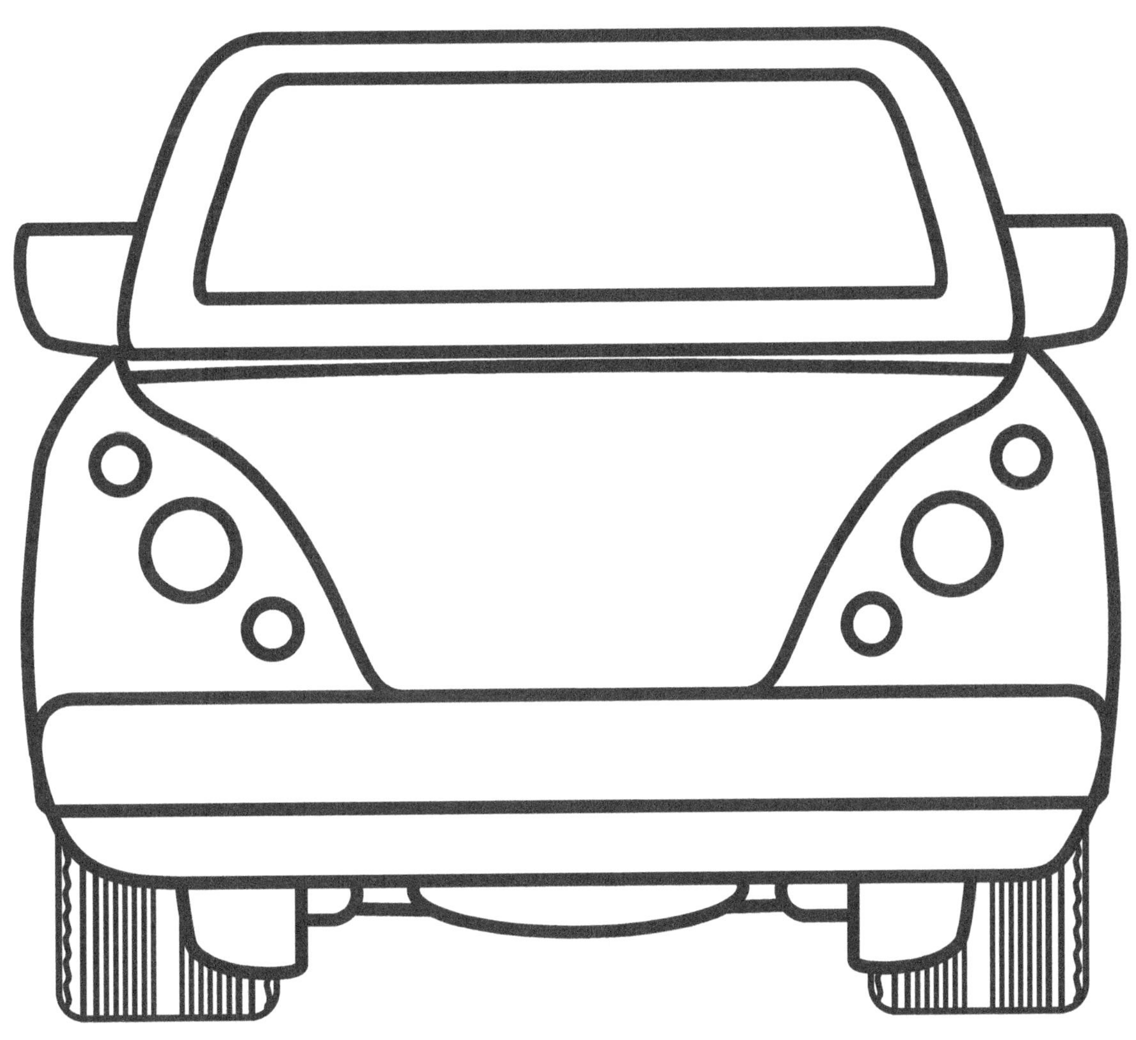

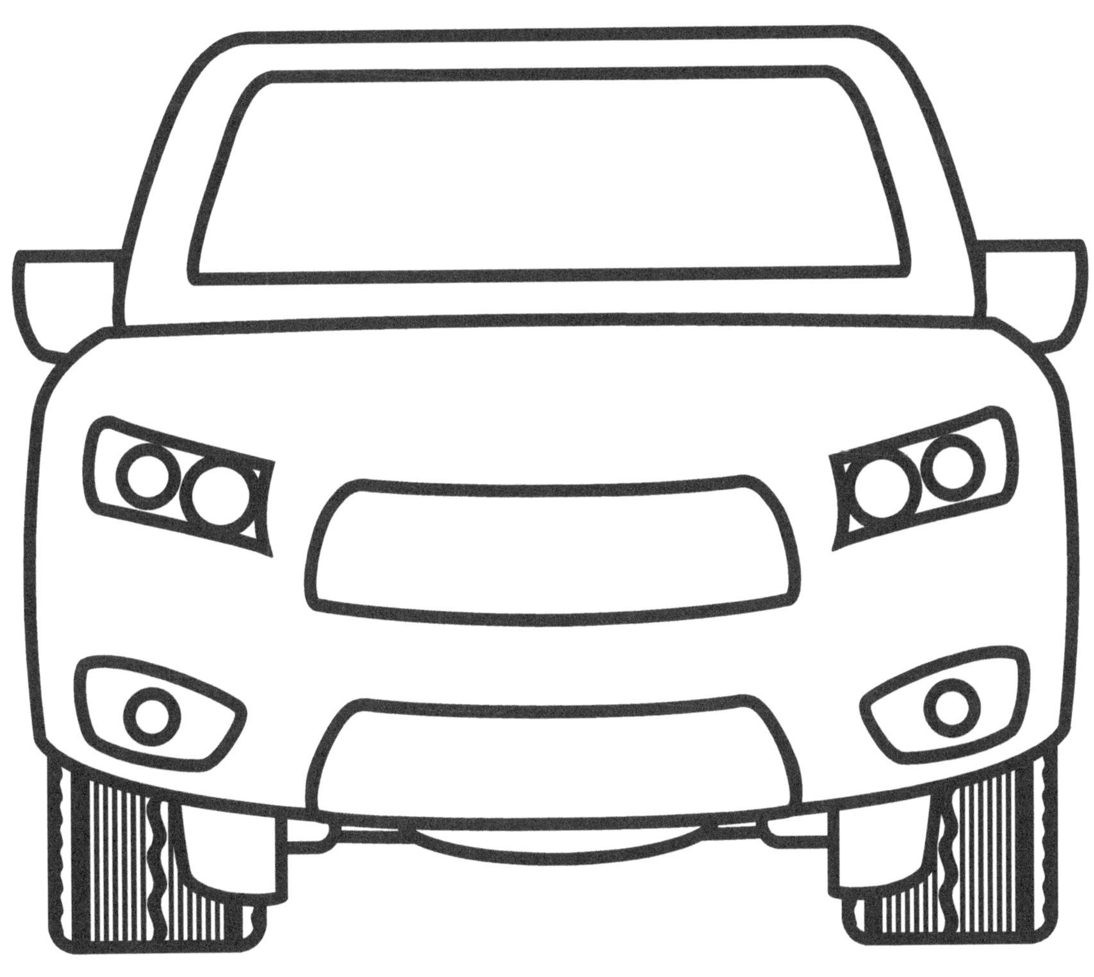

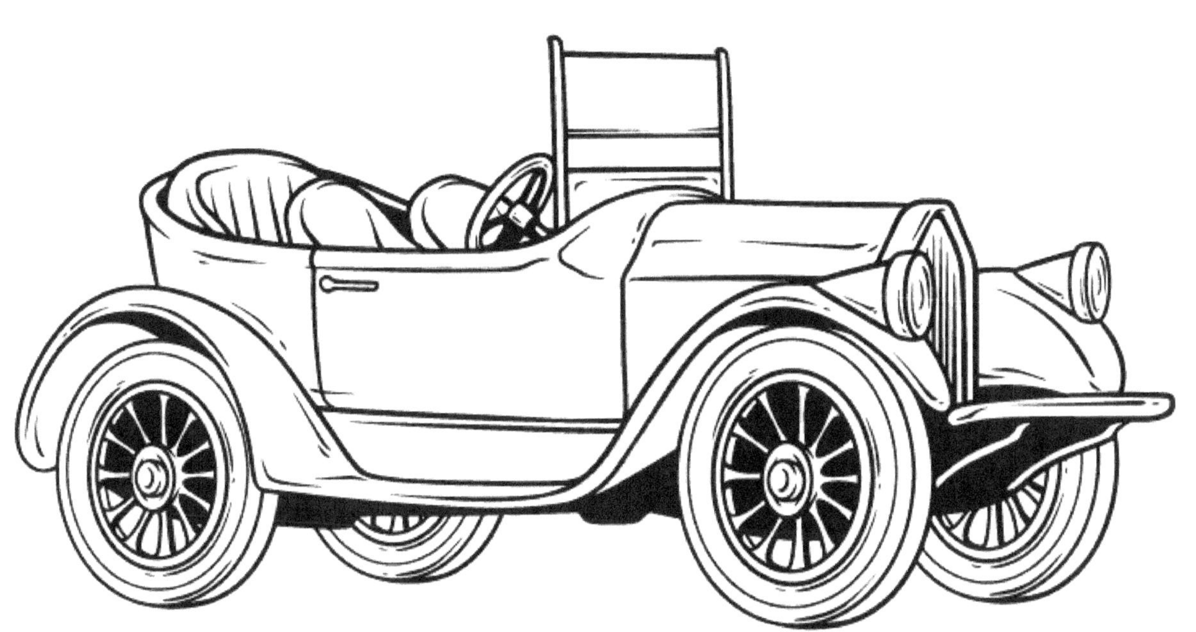

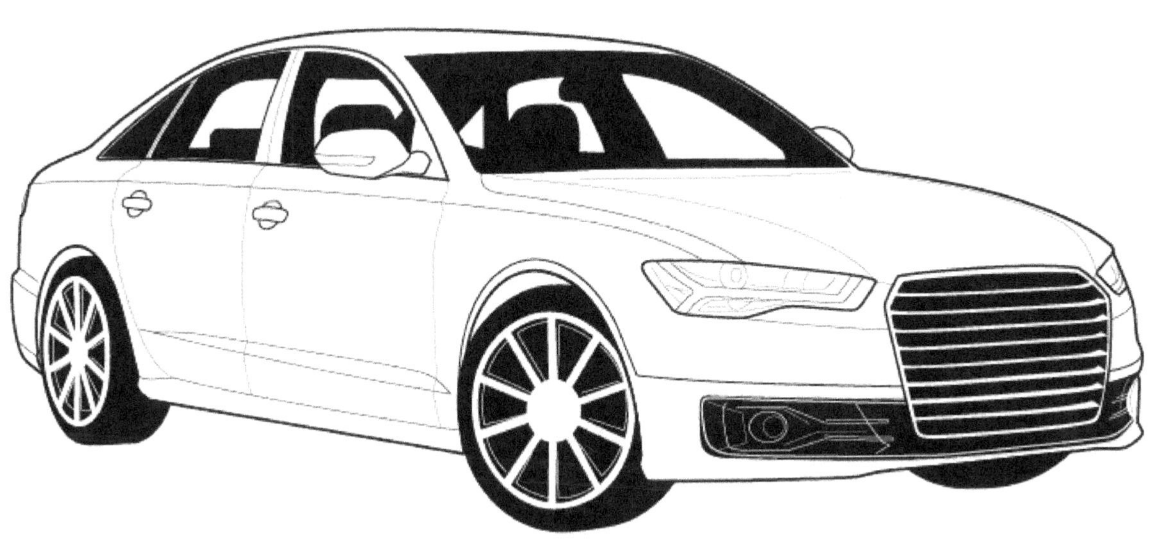

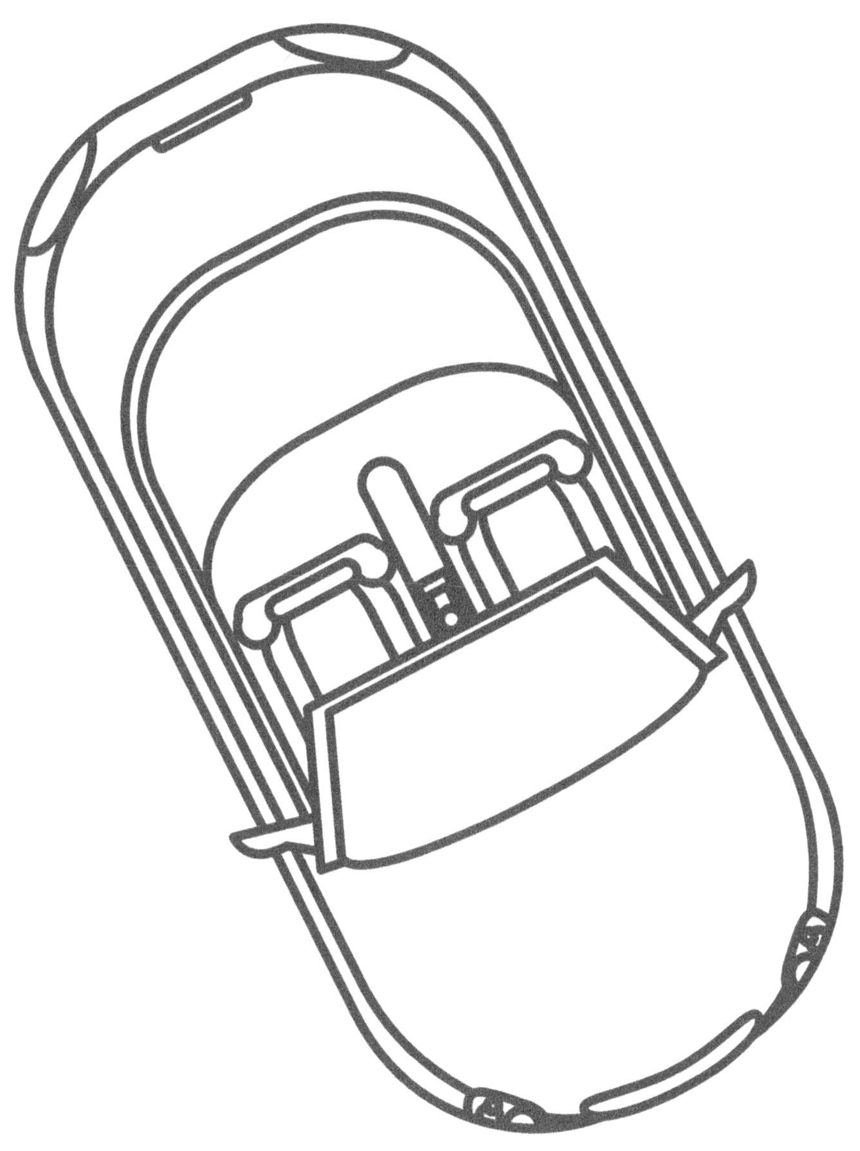

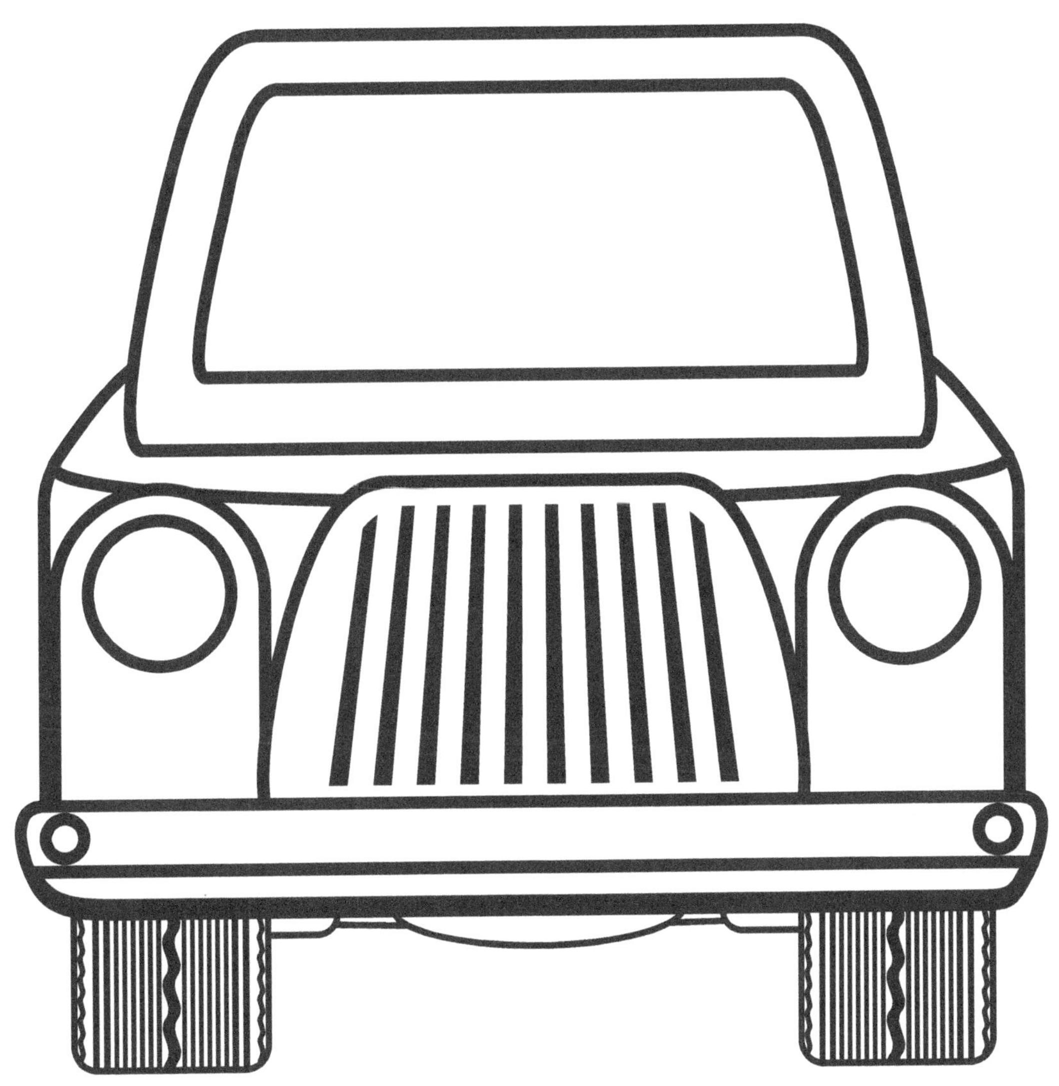

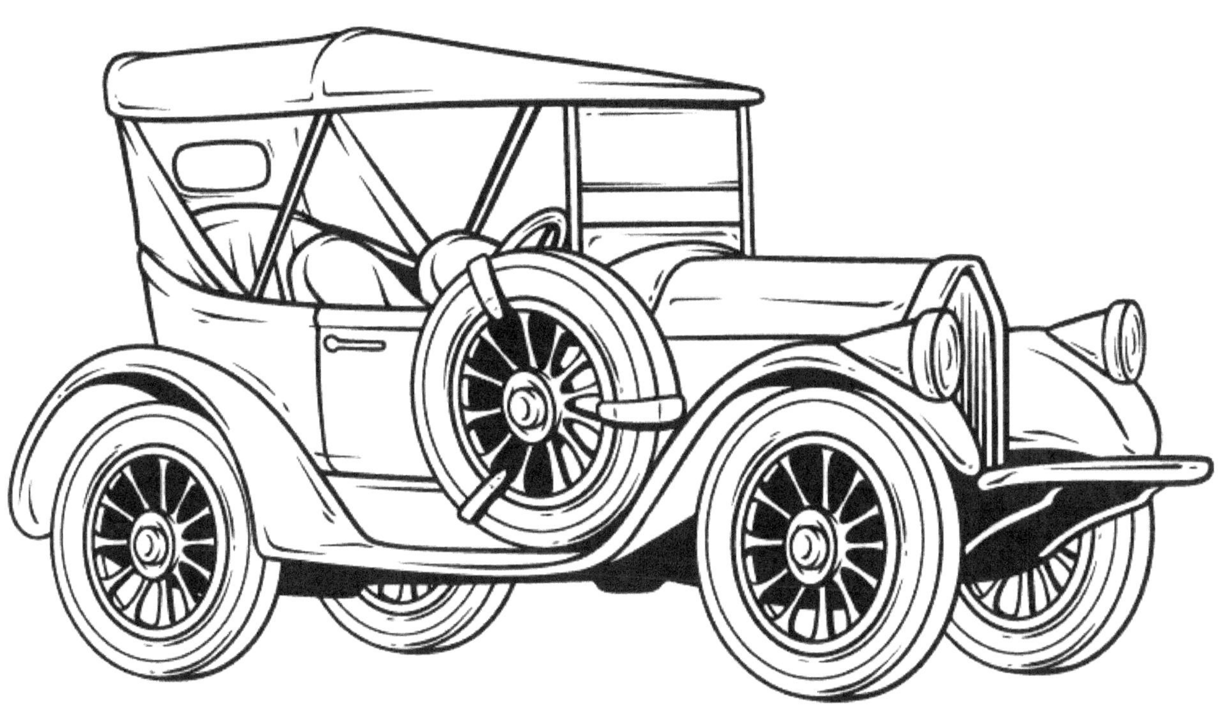

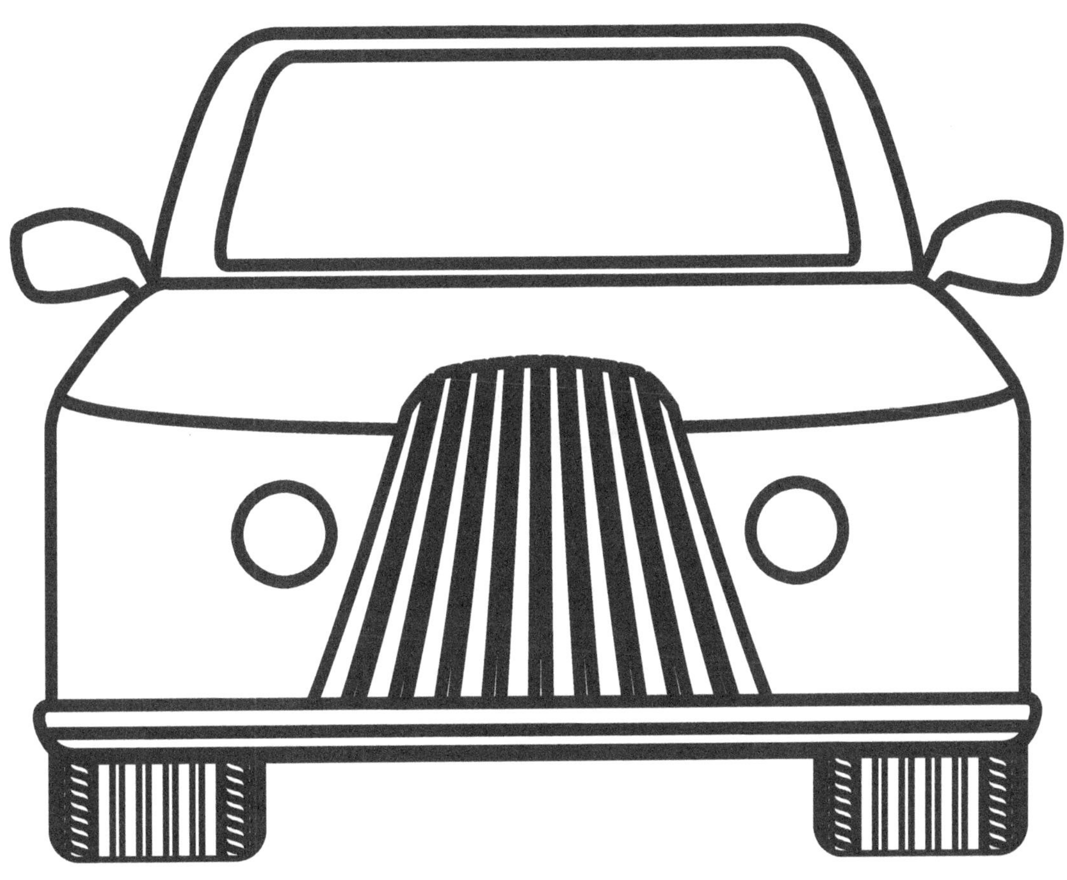

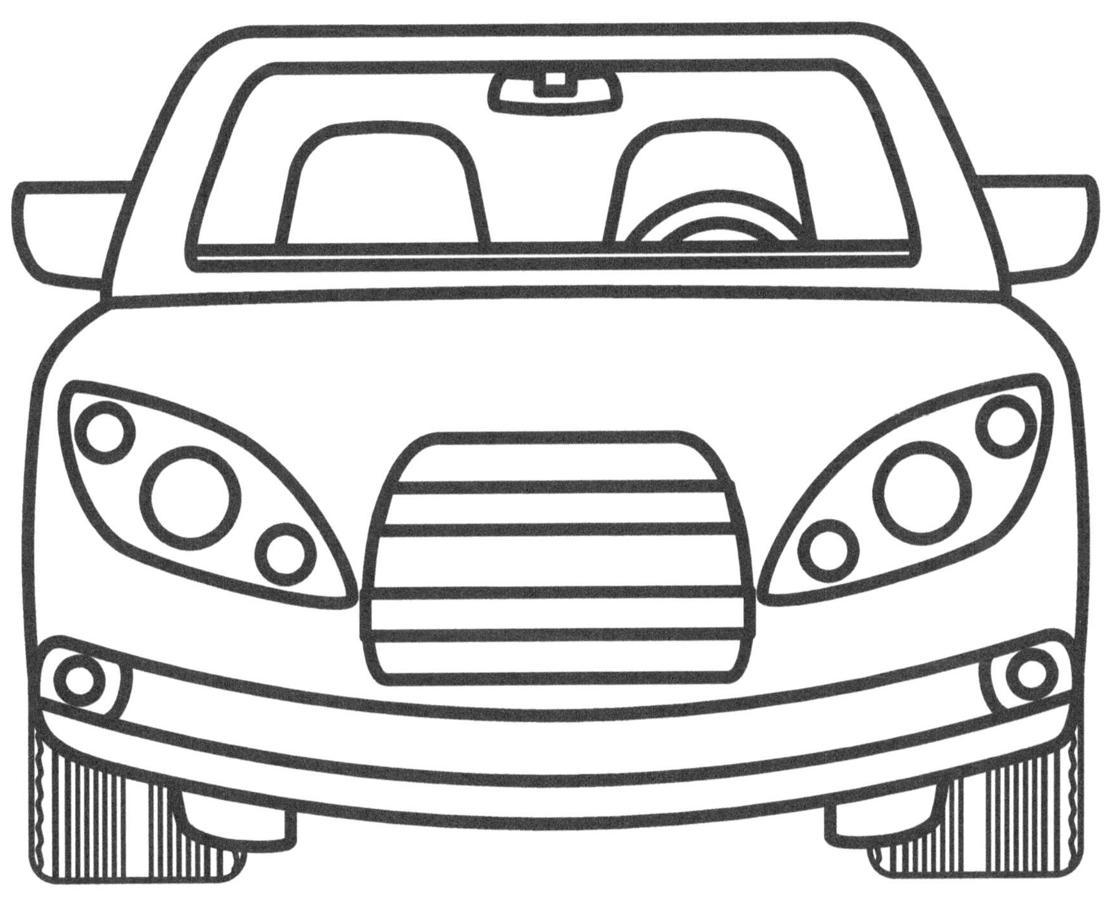

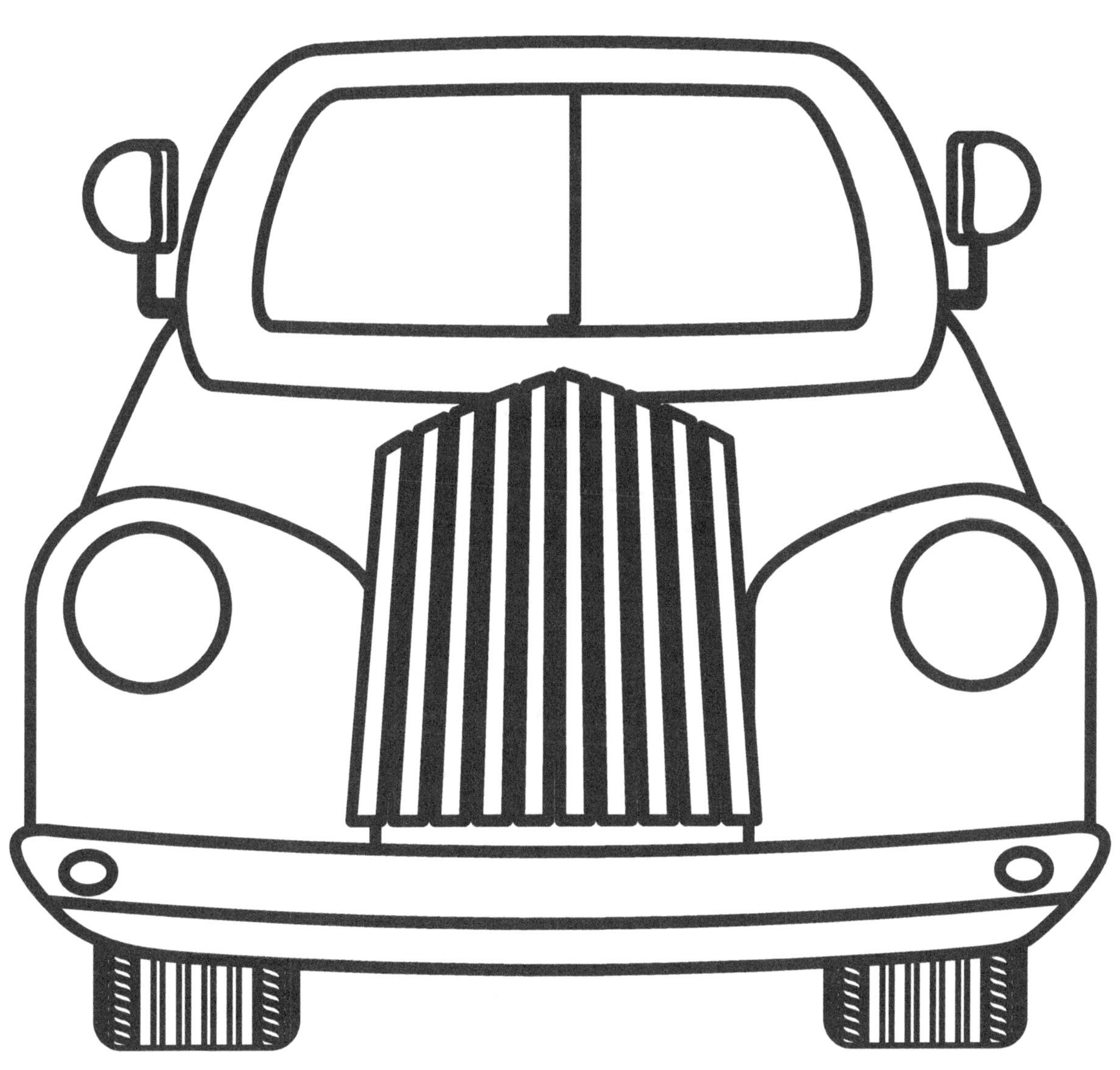

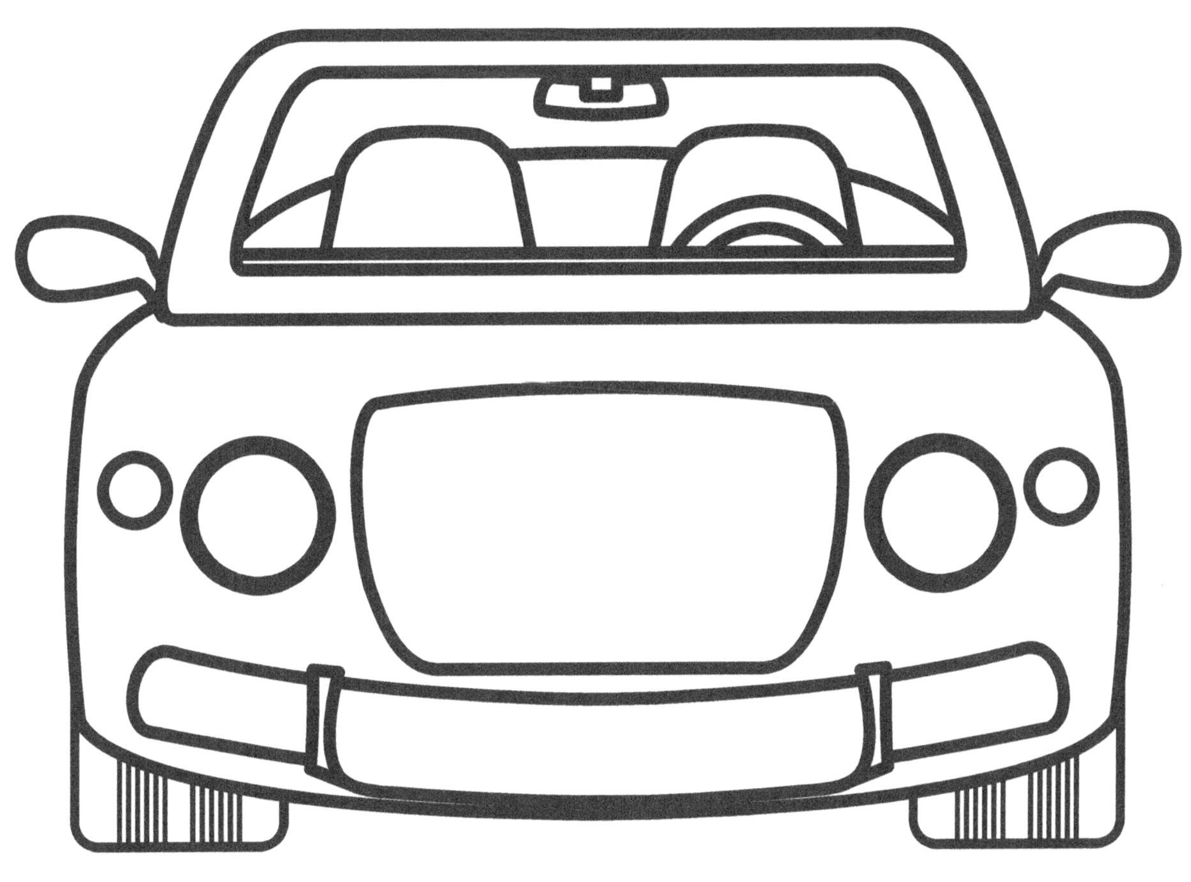

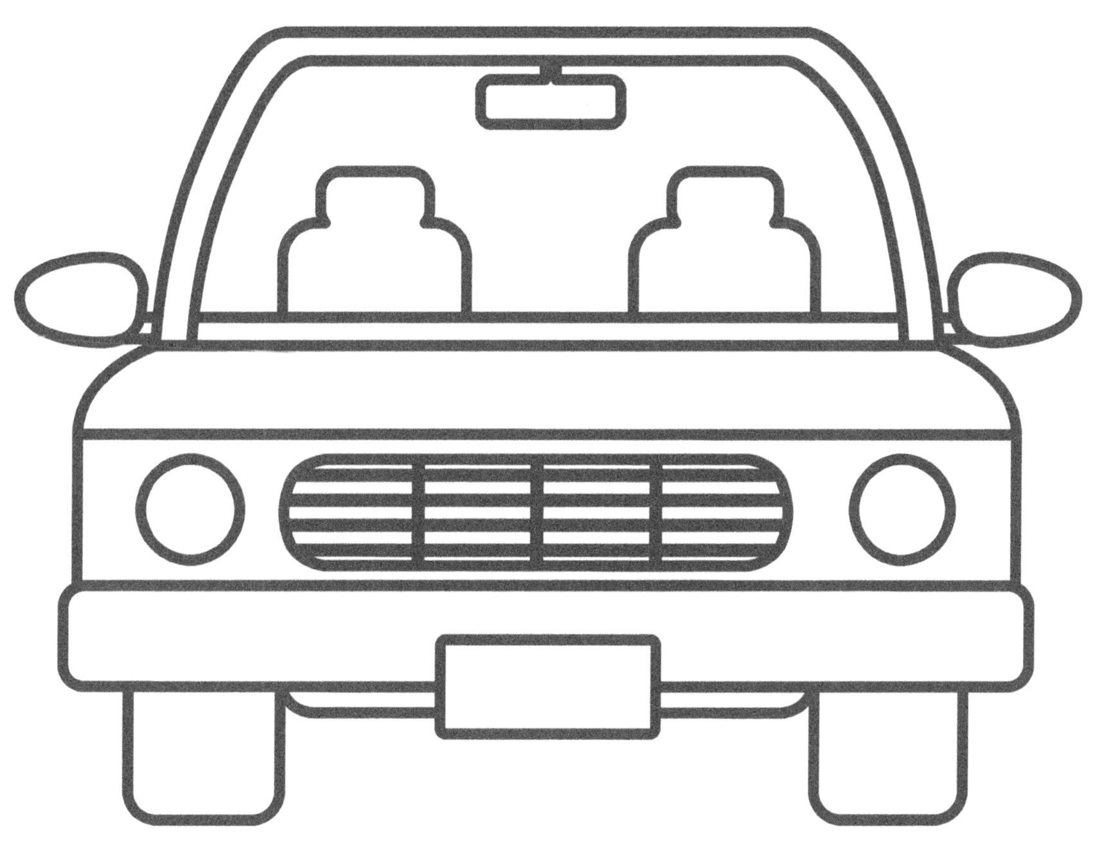

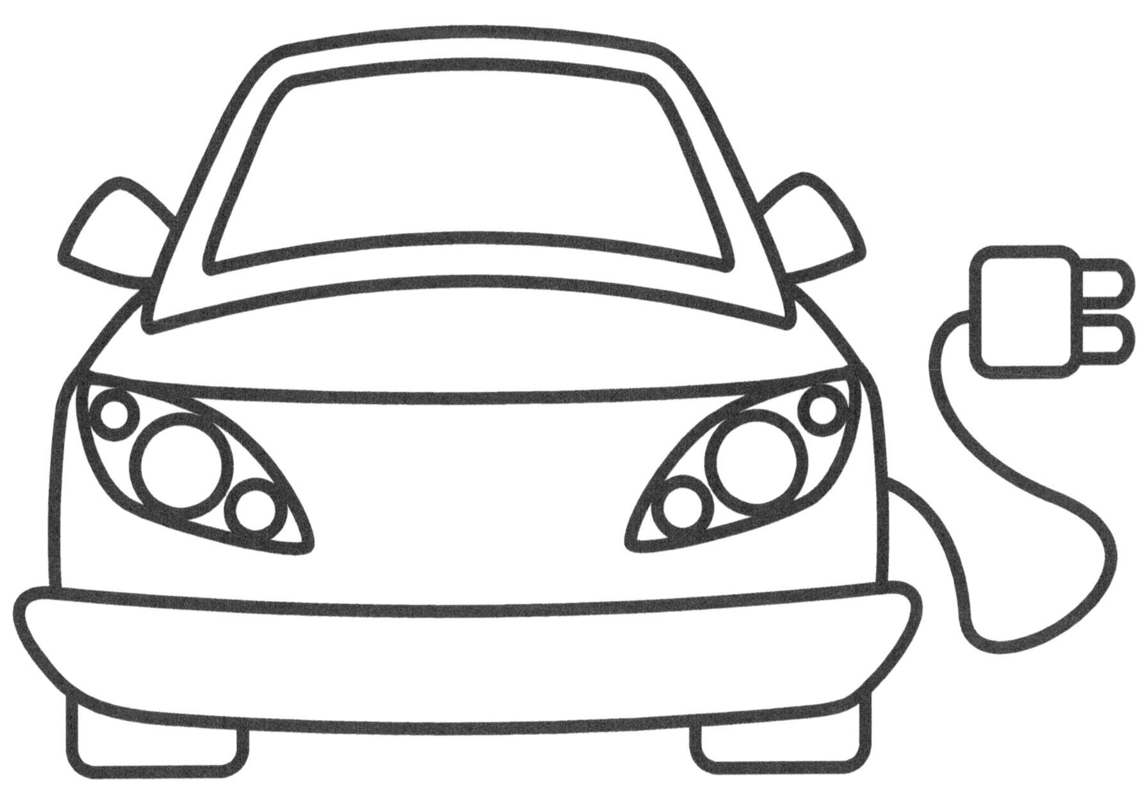

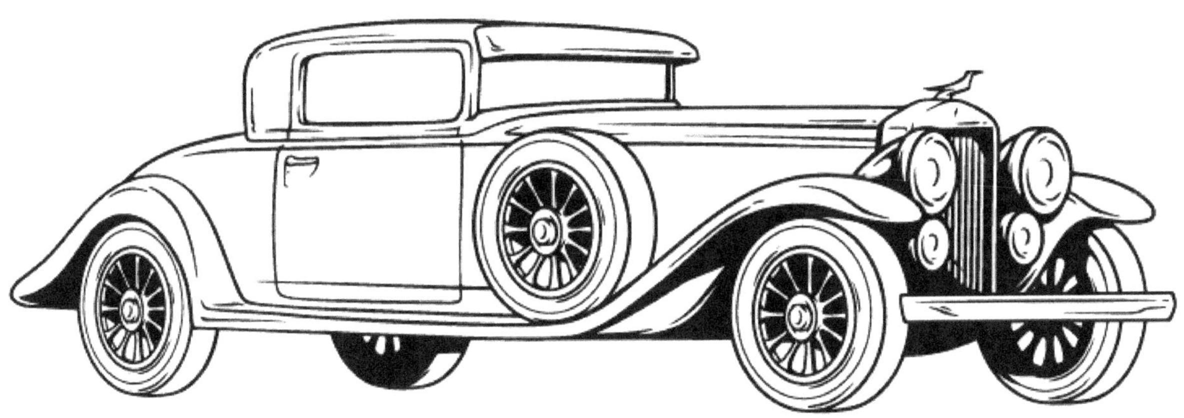

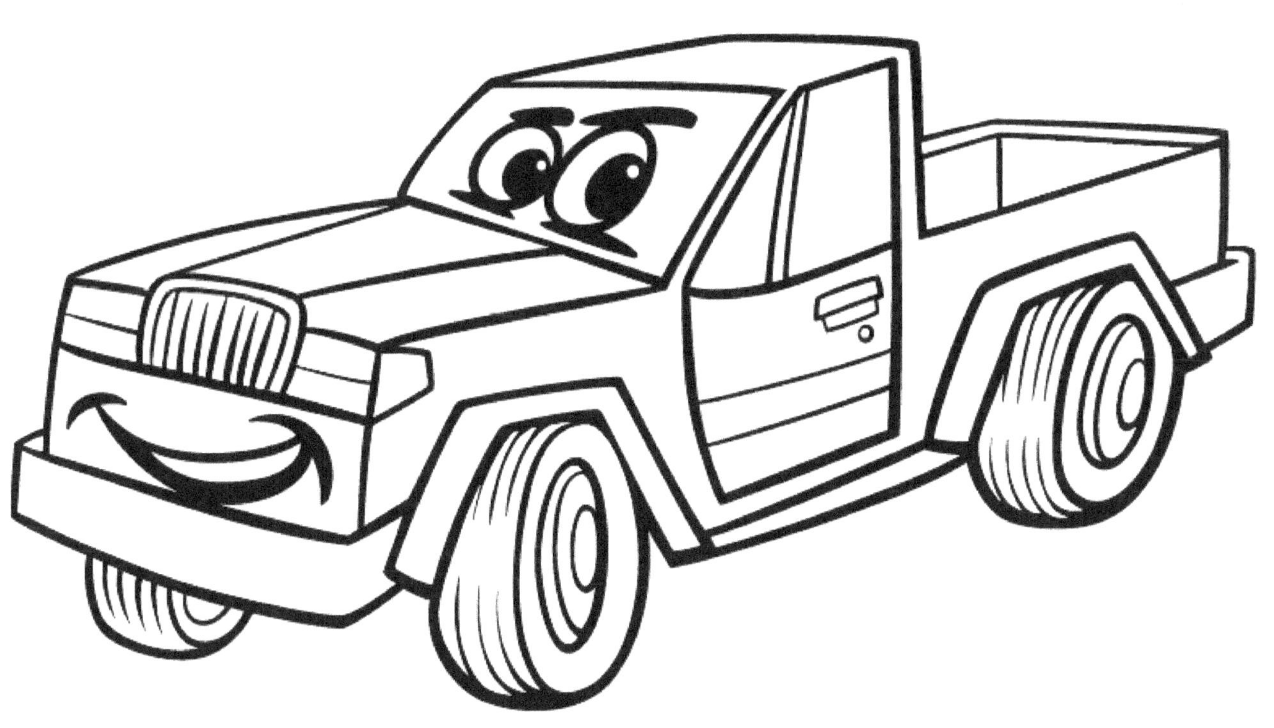

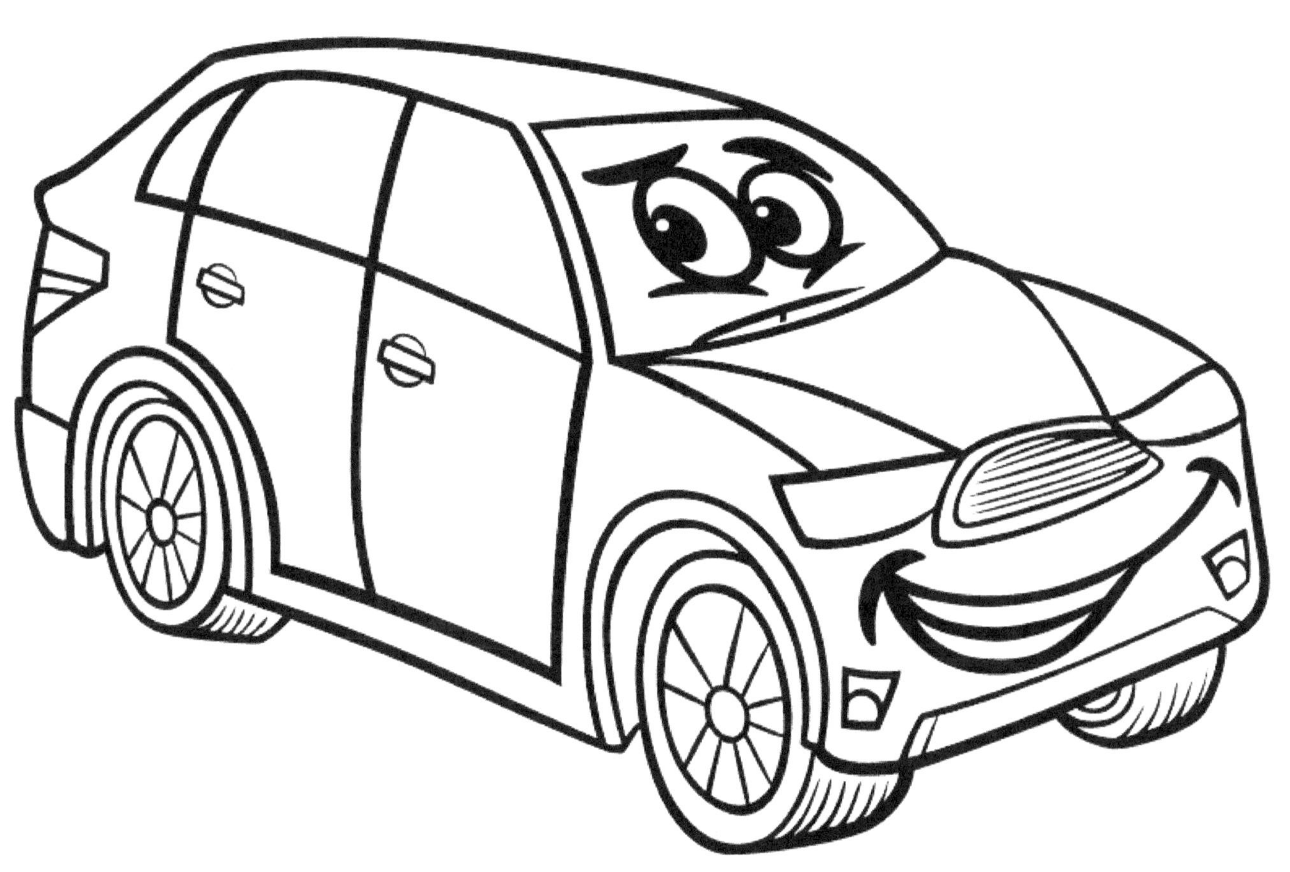

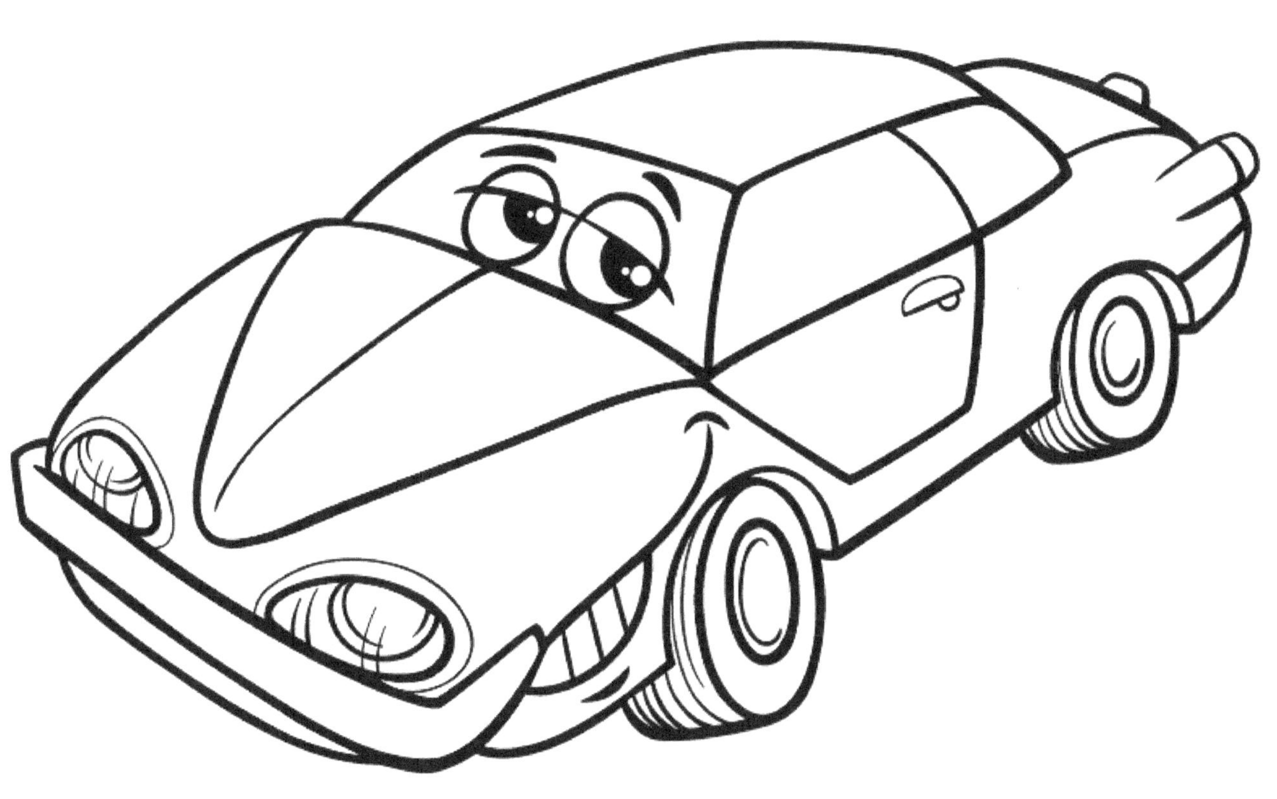

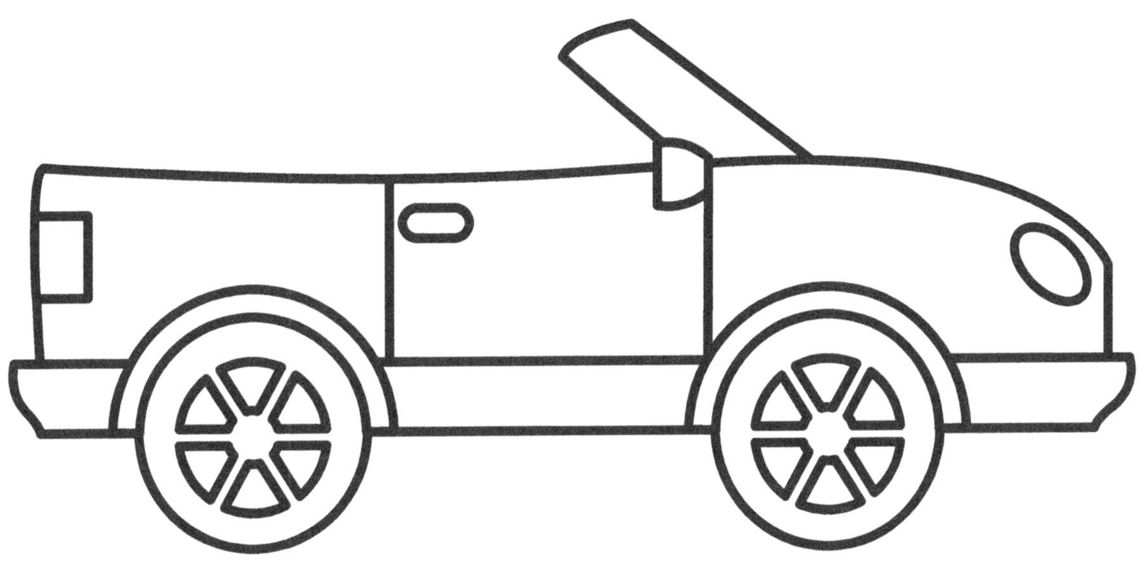

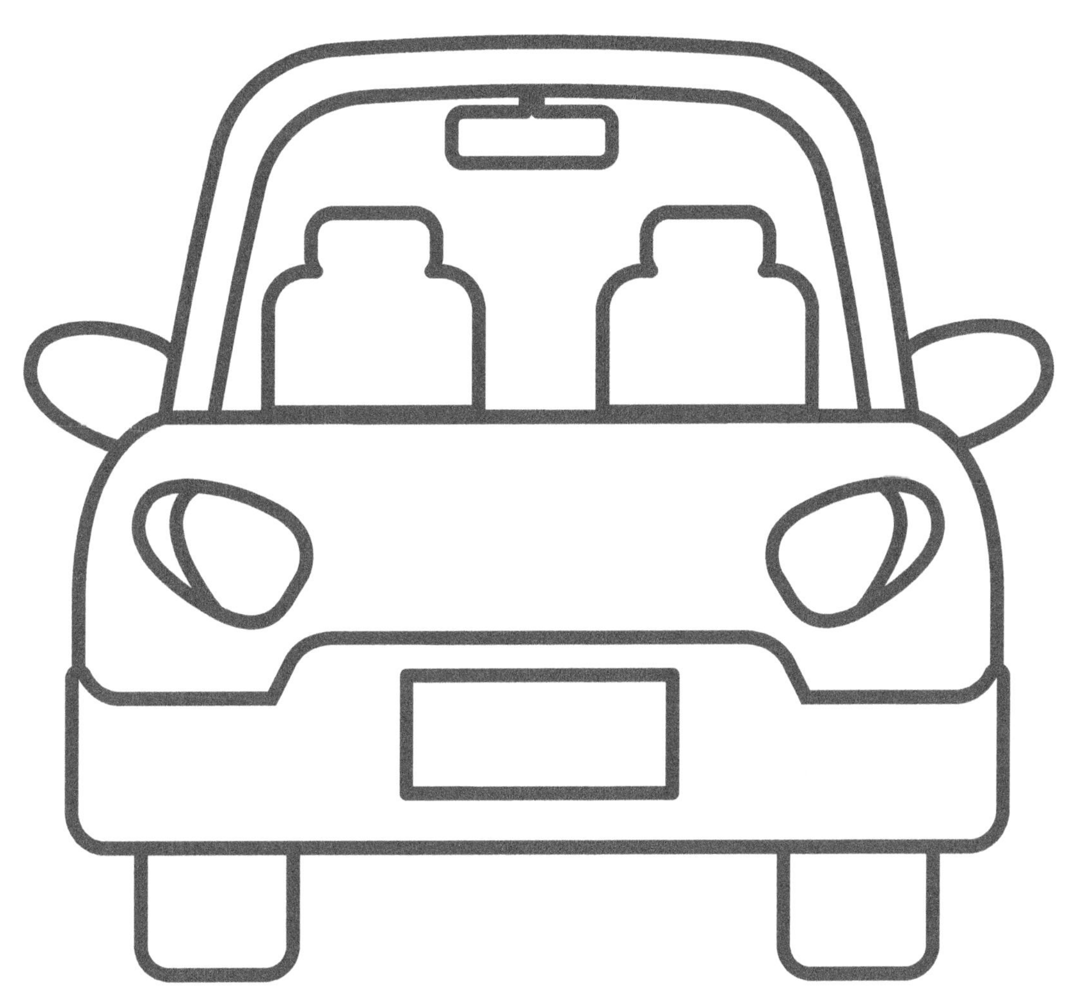

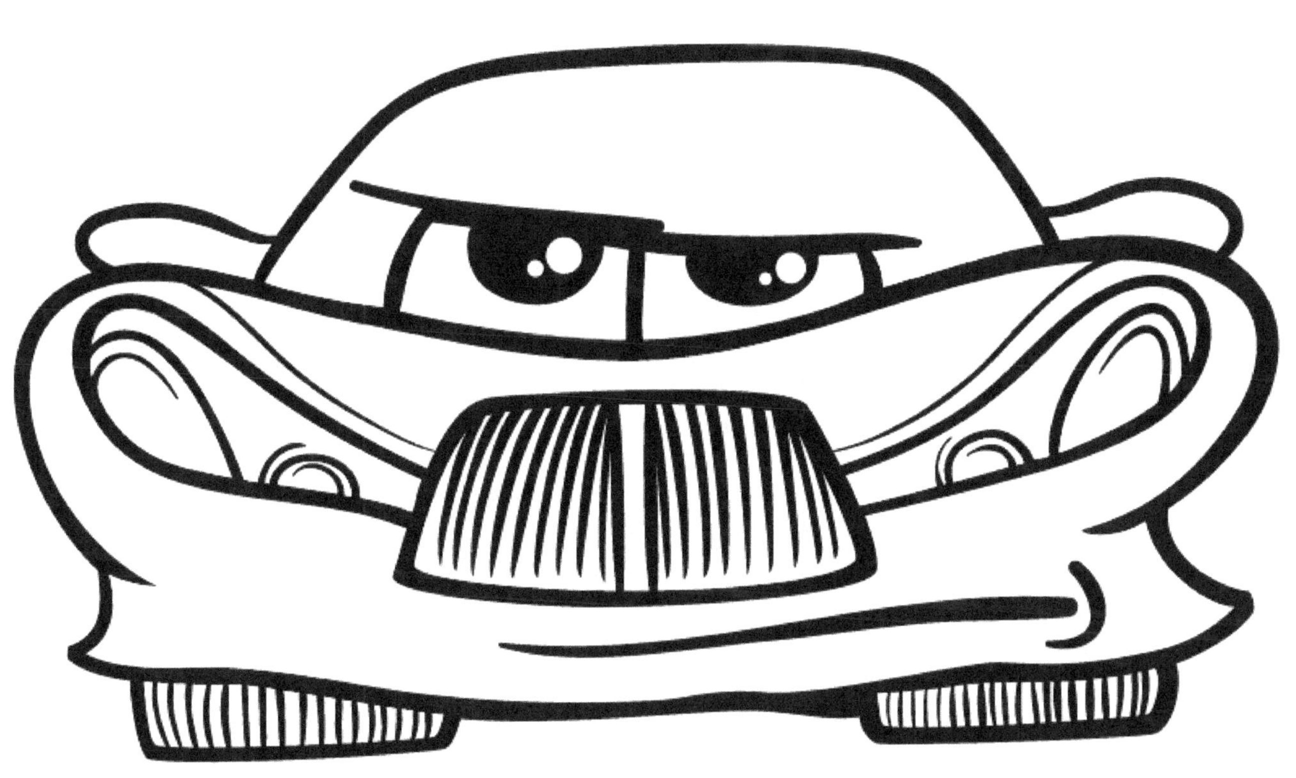

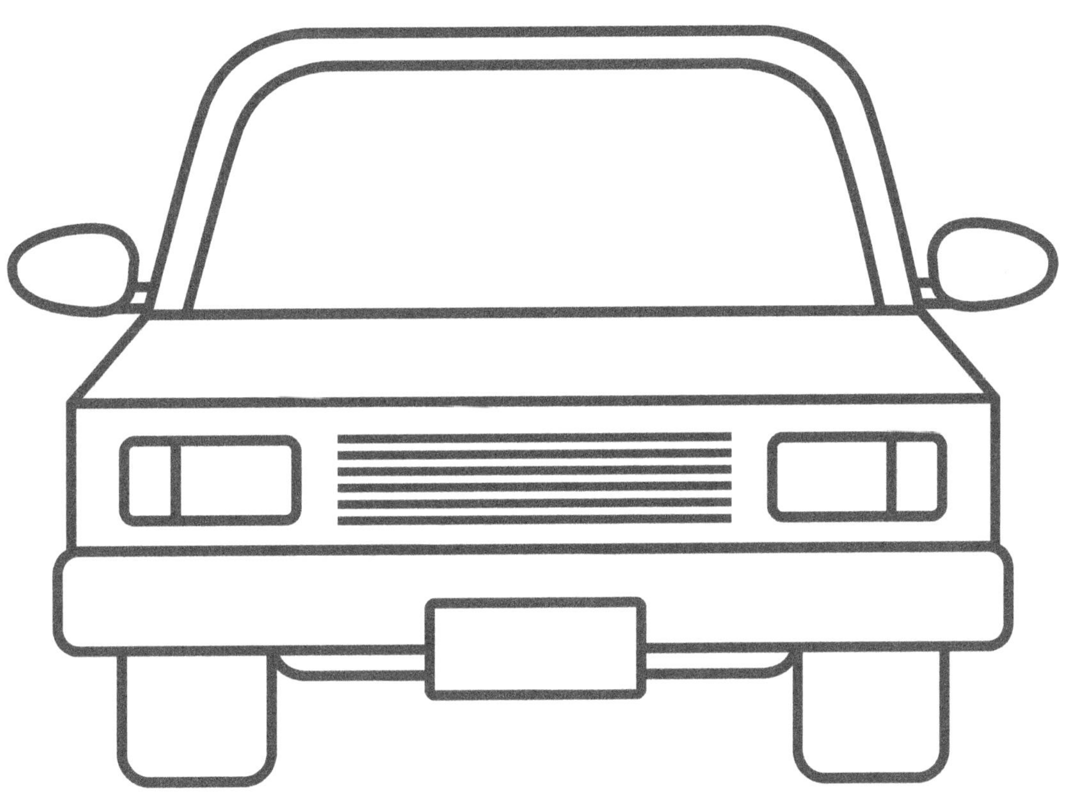

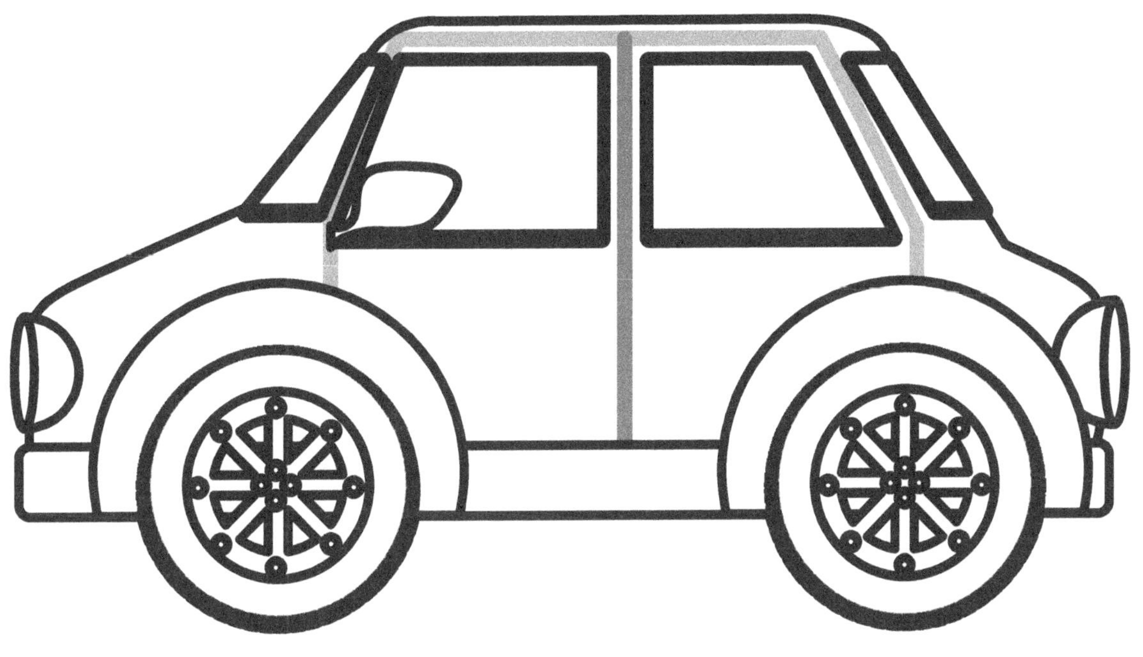

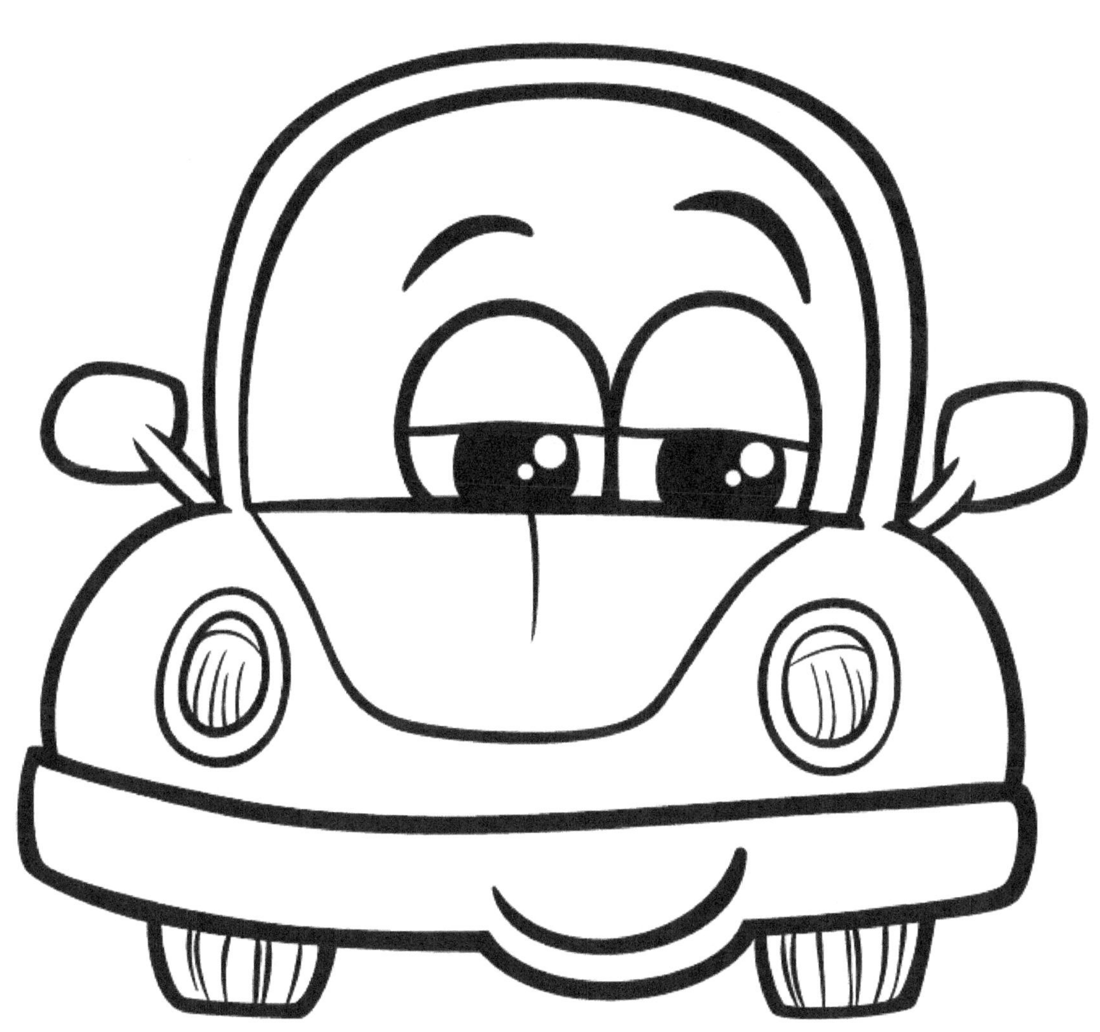

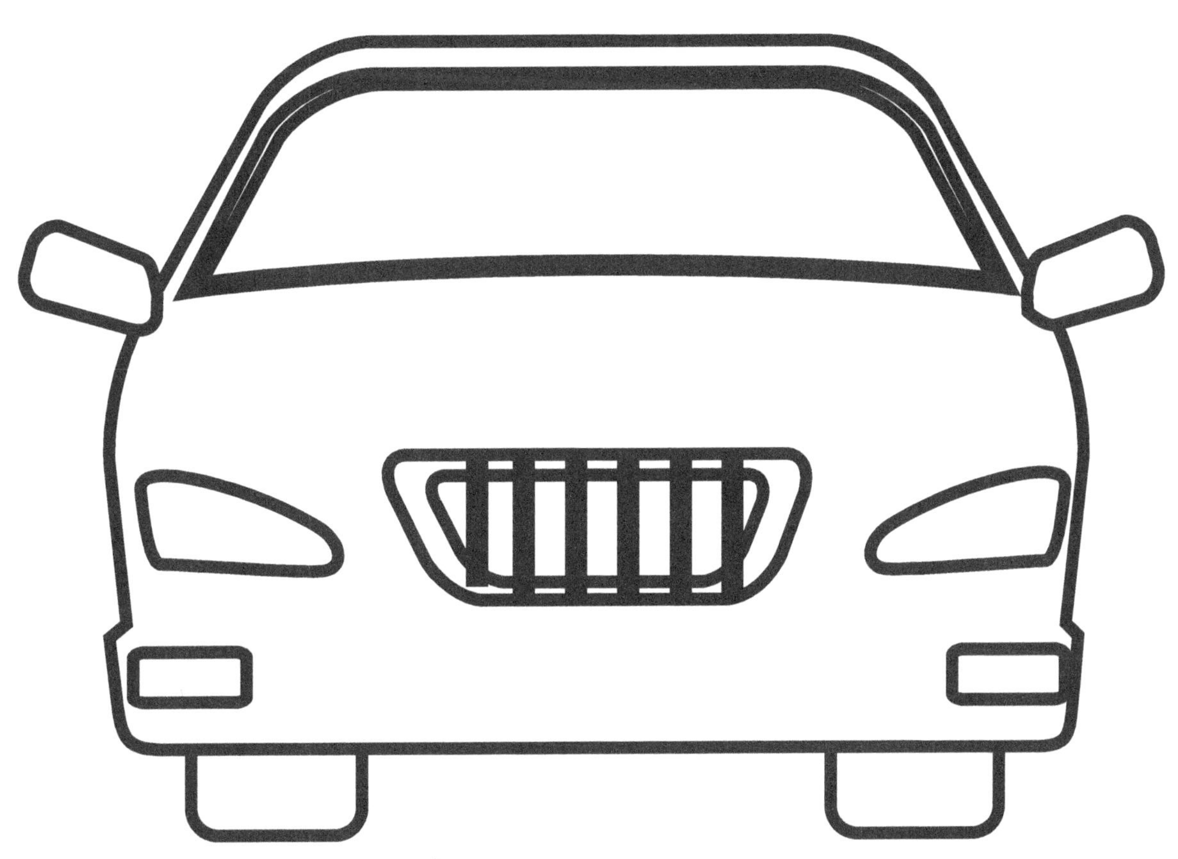

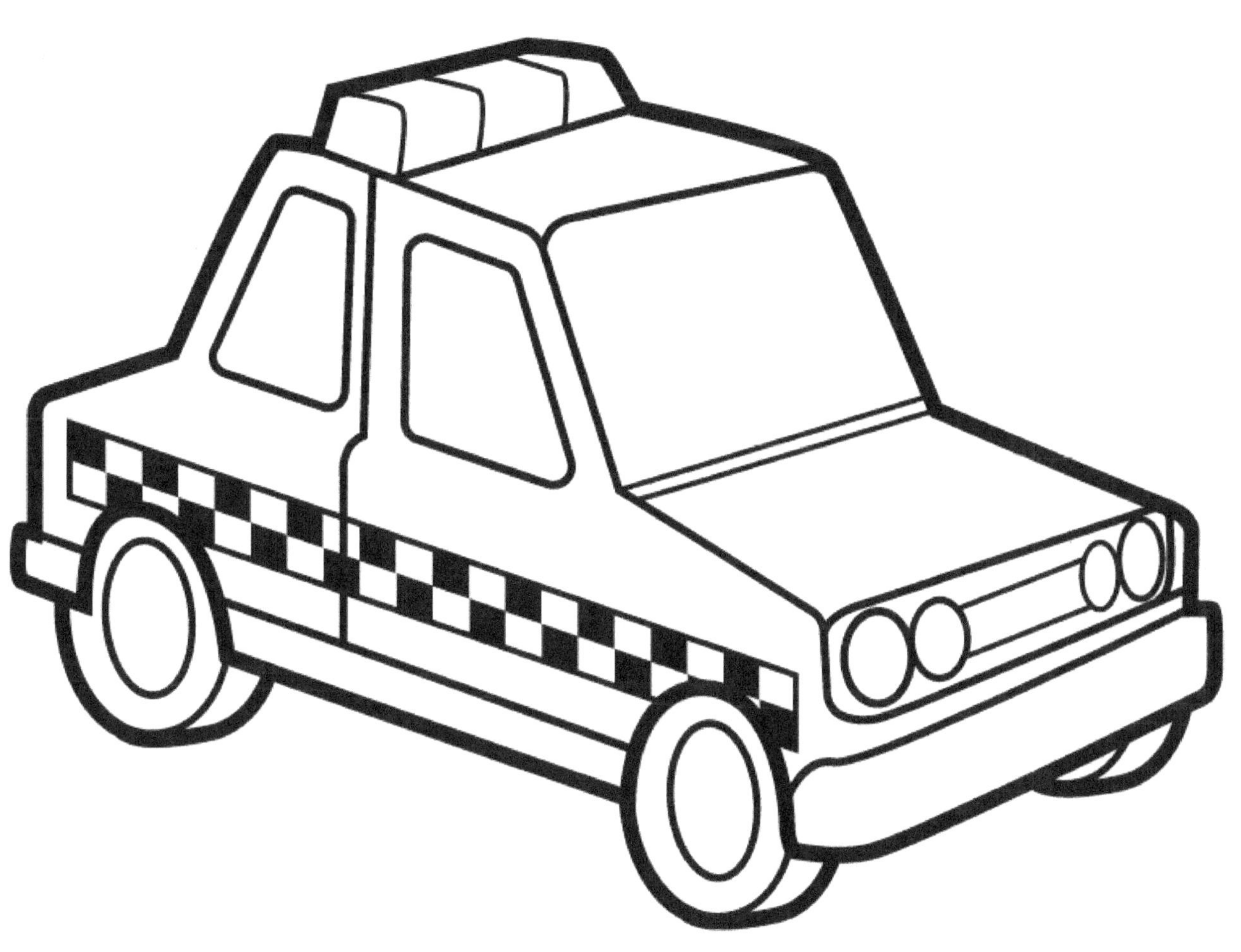

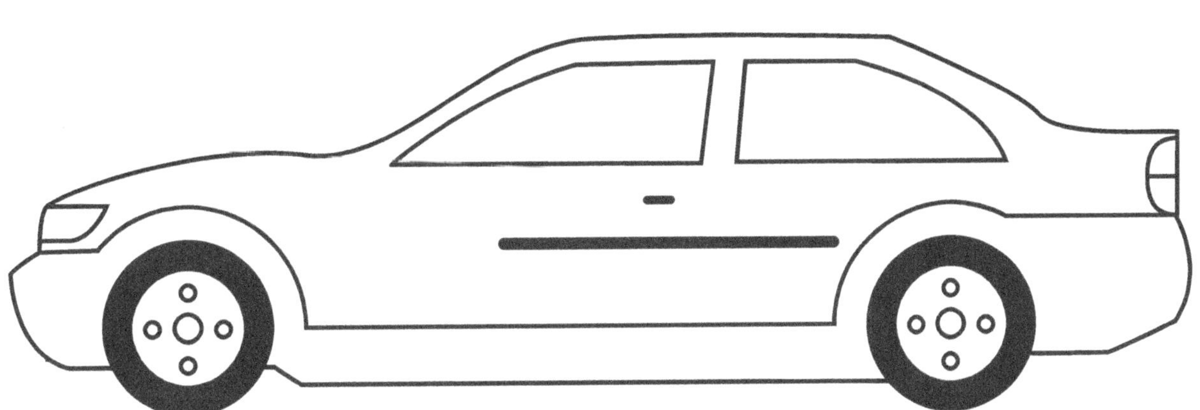

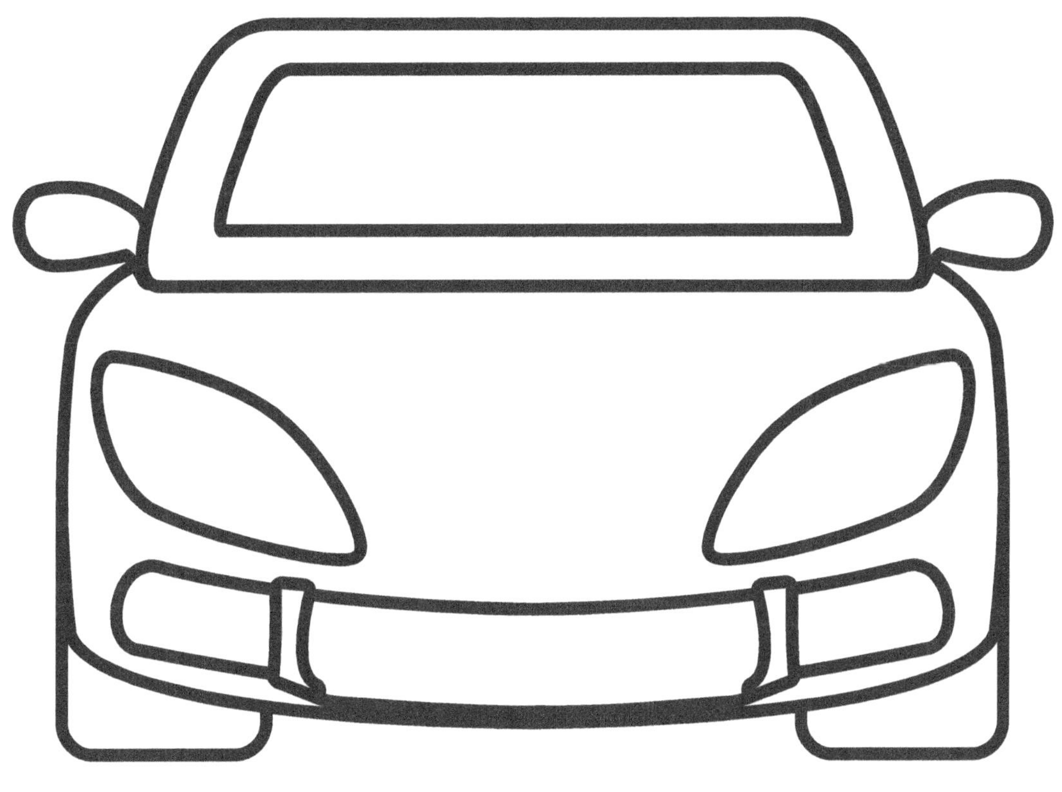

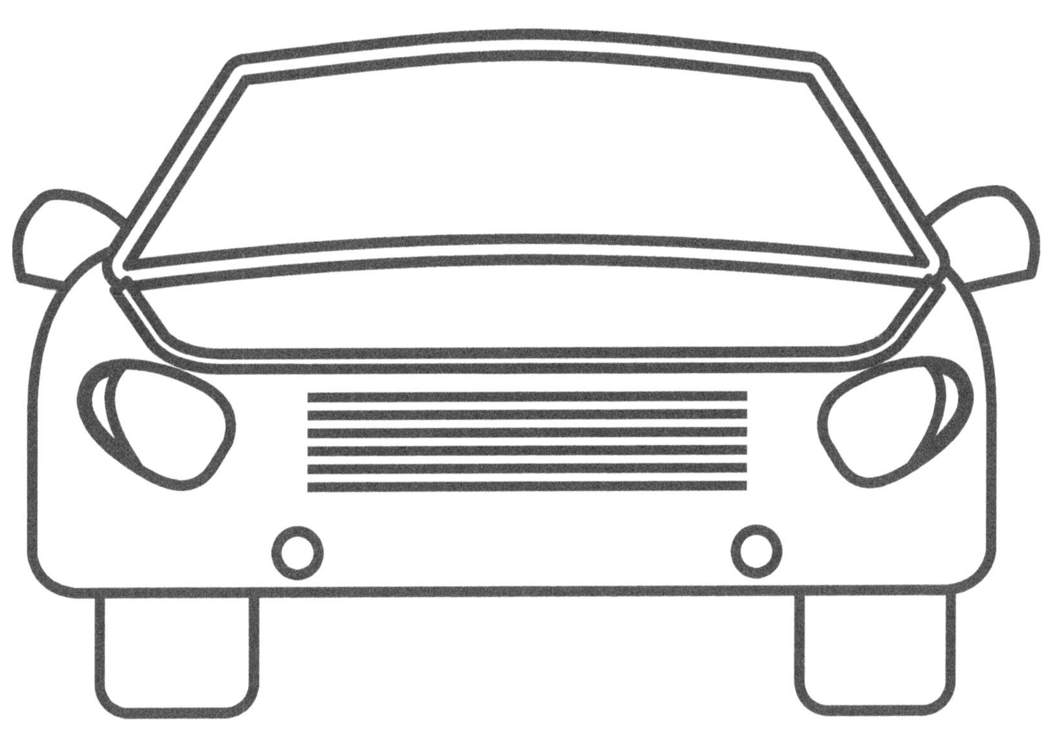

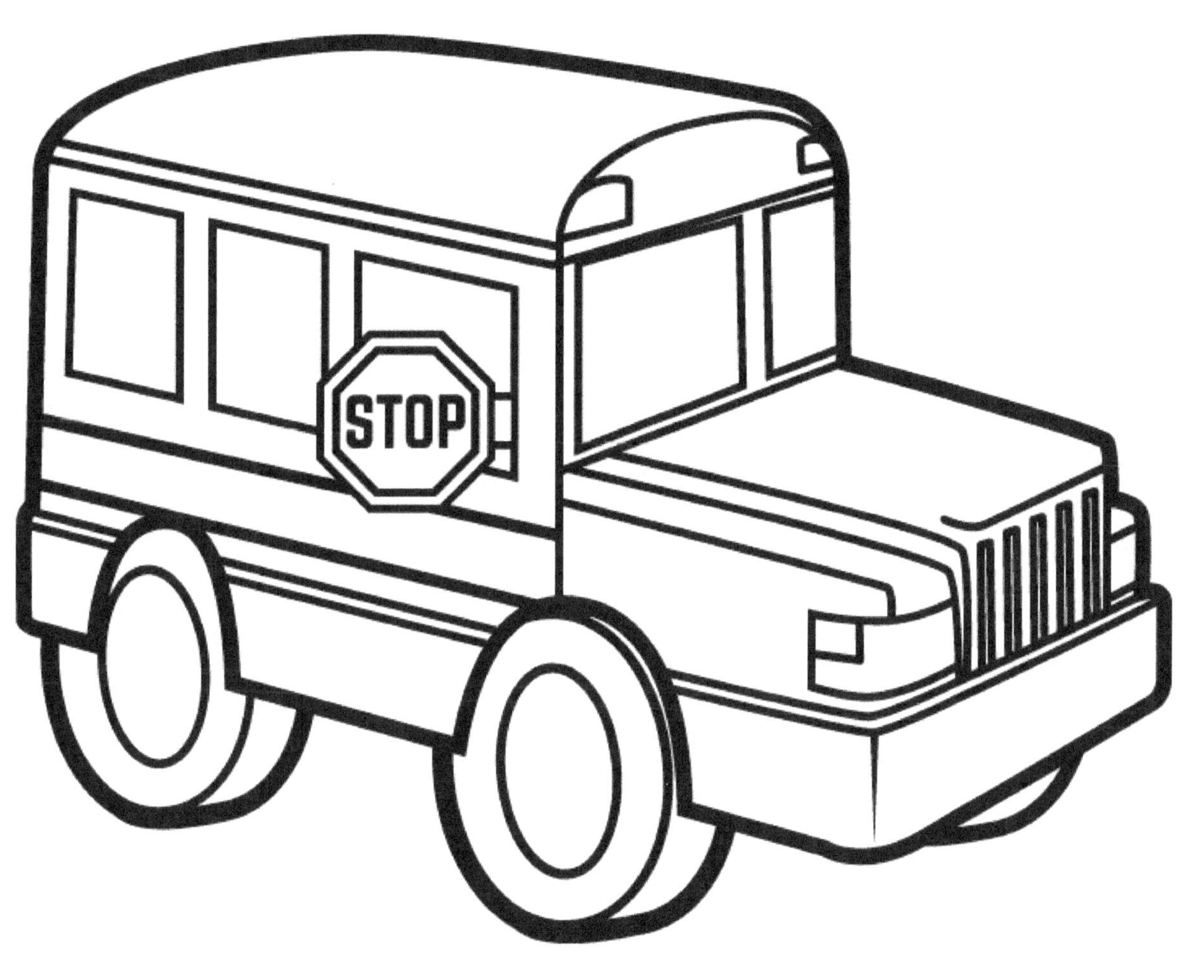
STOP

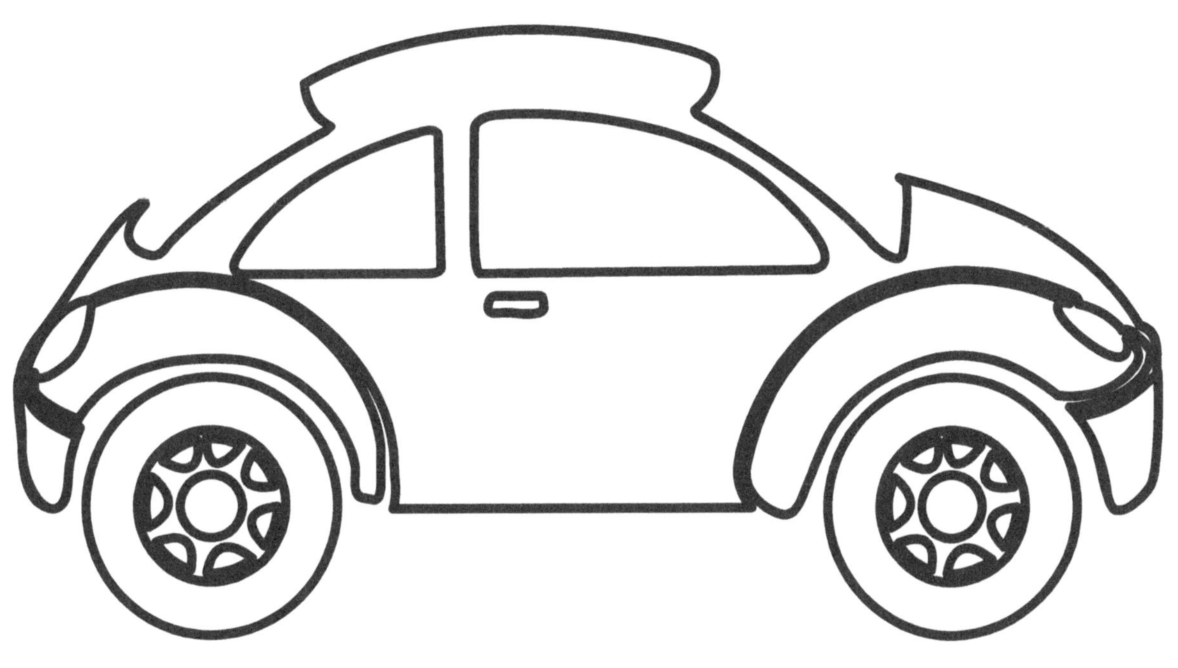

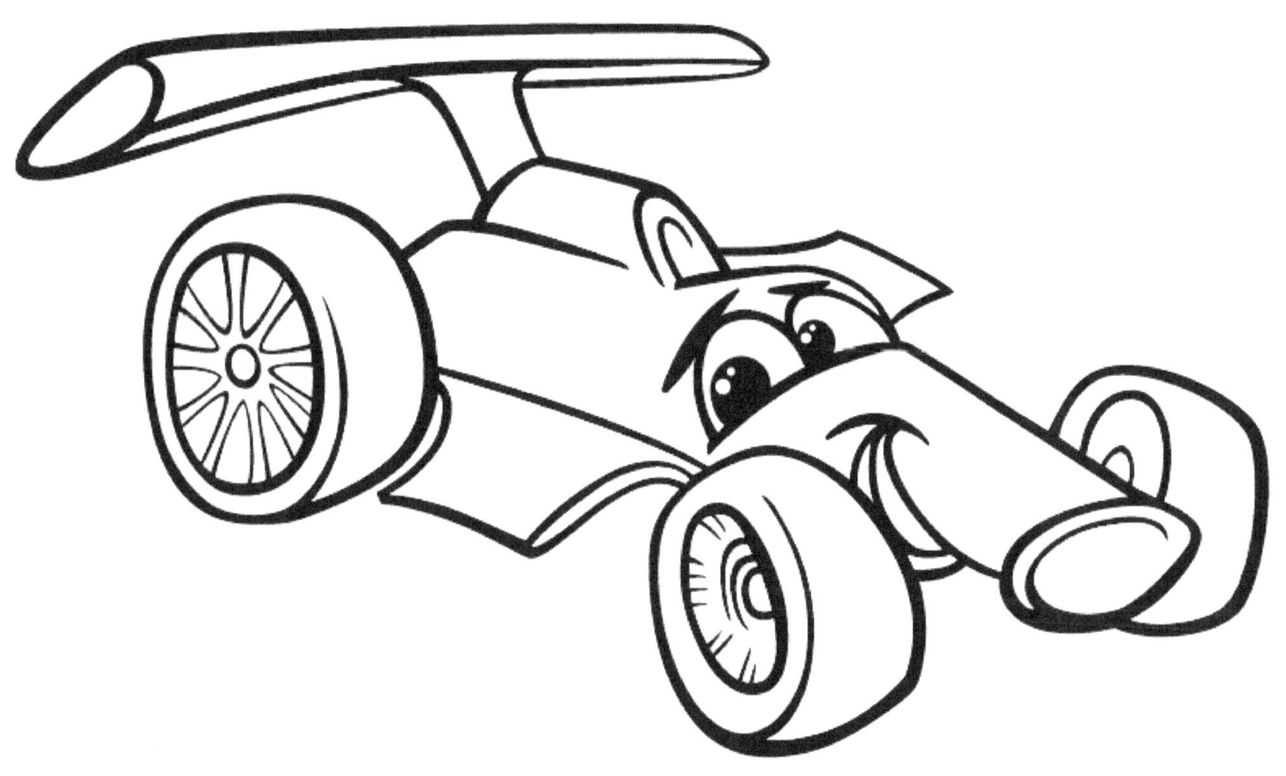

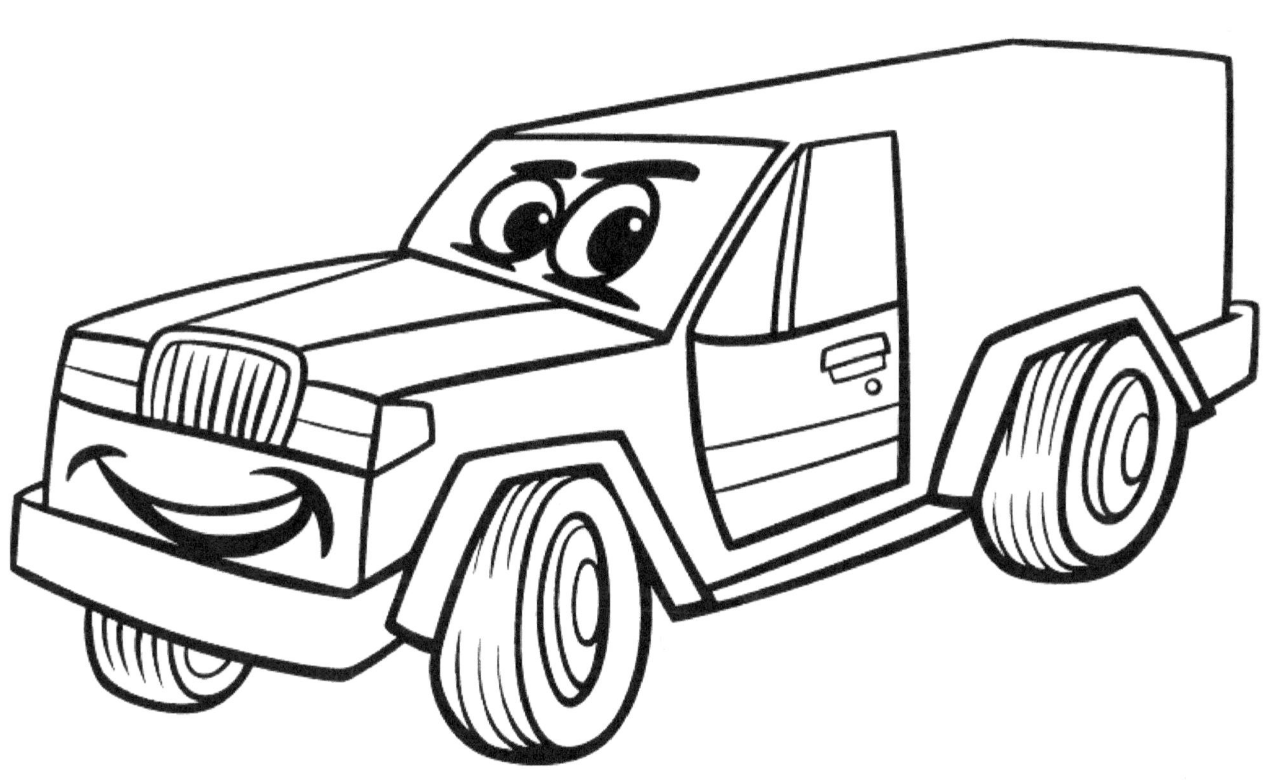

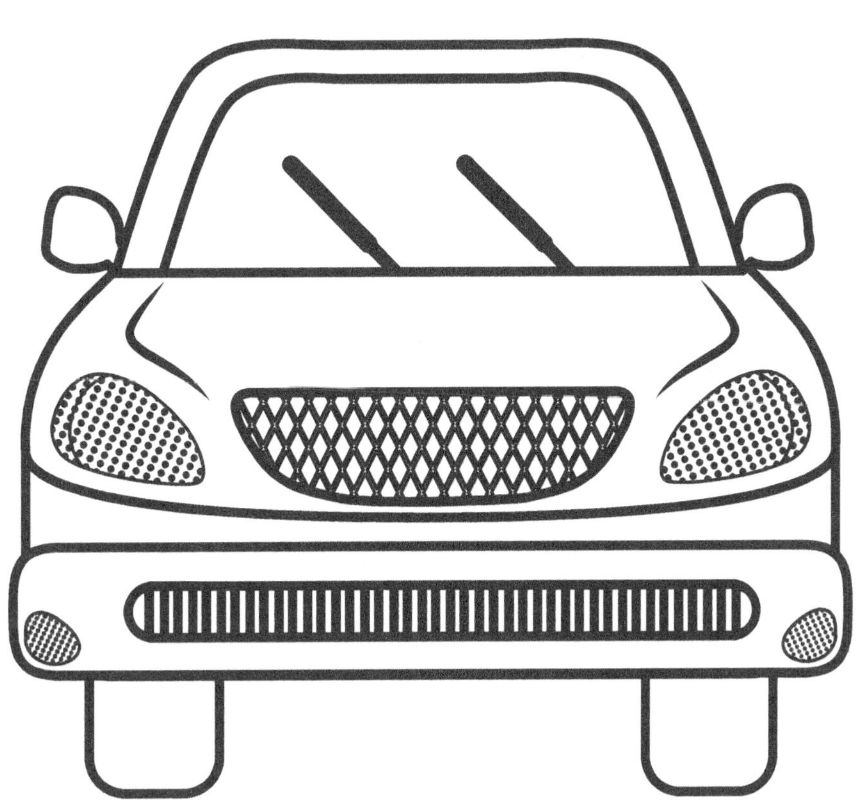

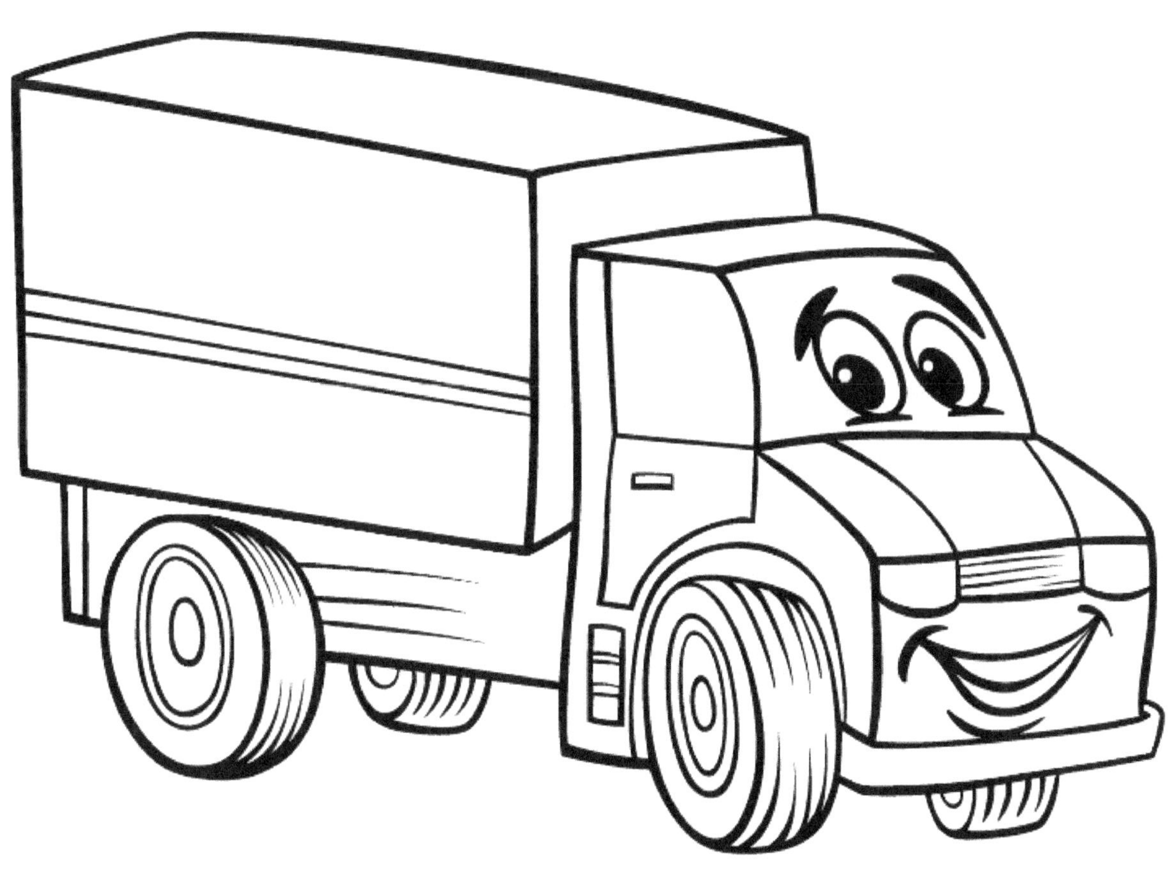

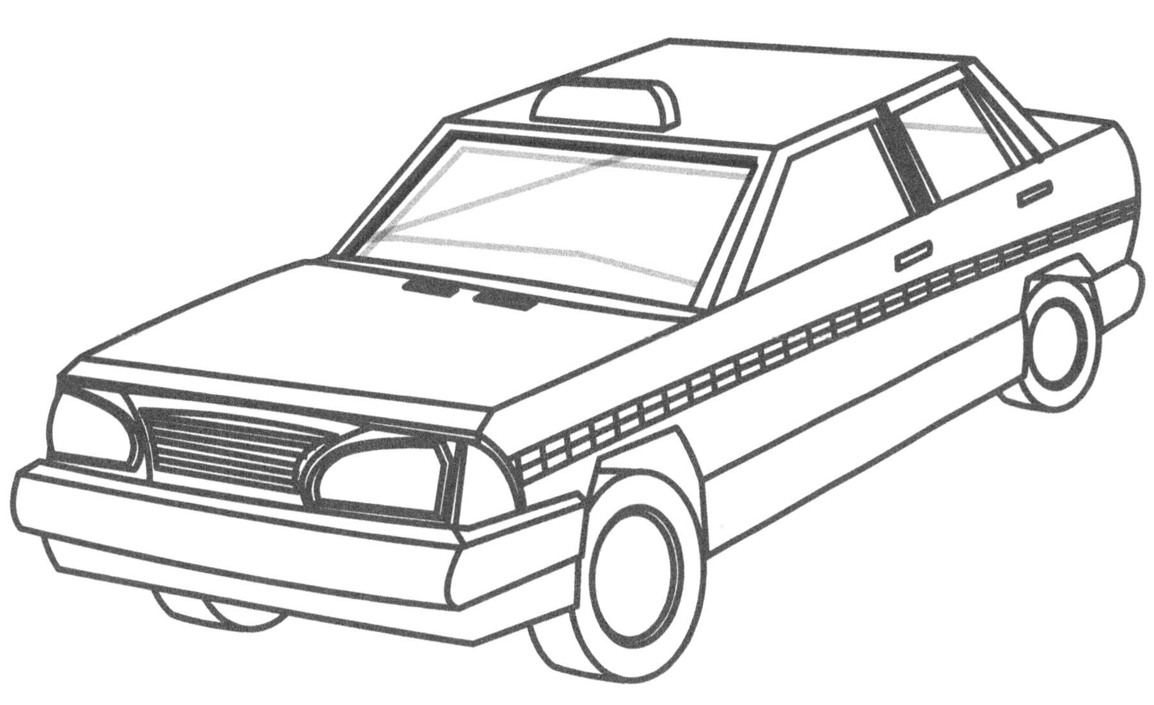

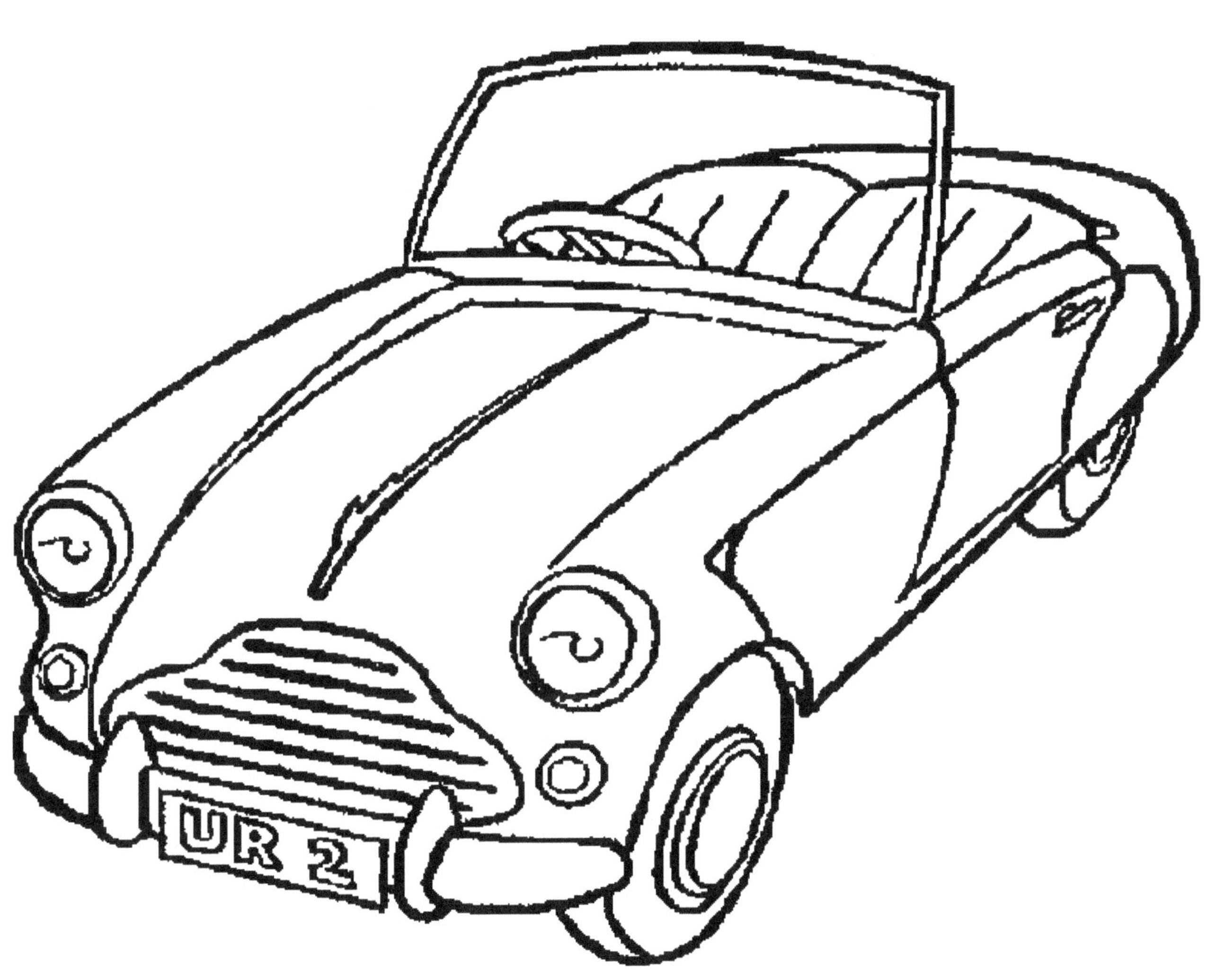

UR 2

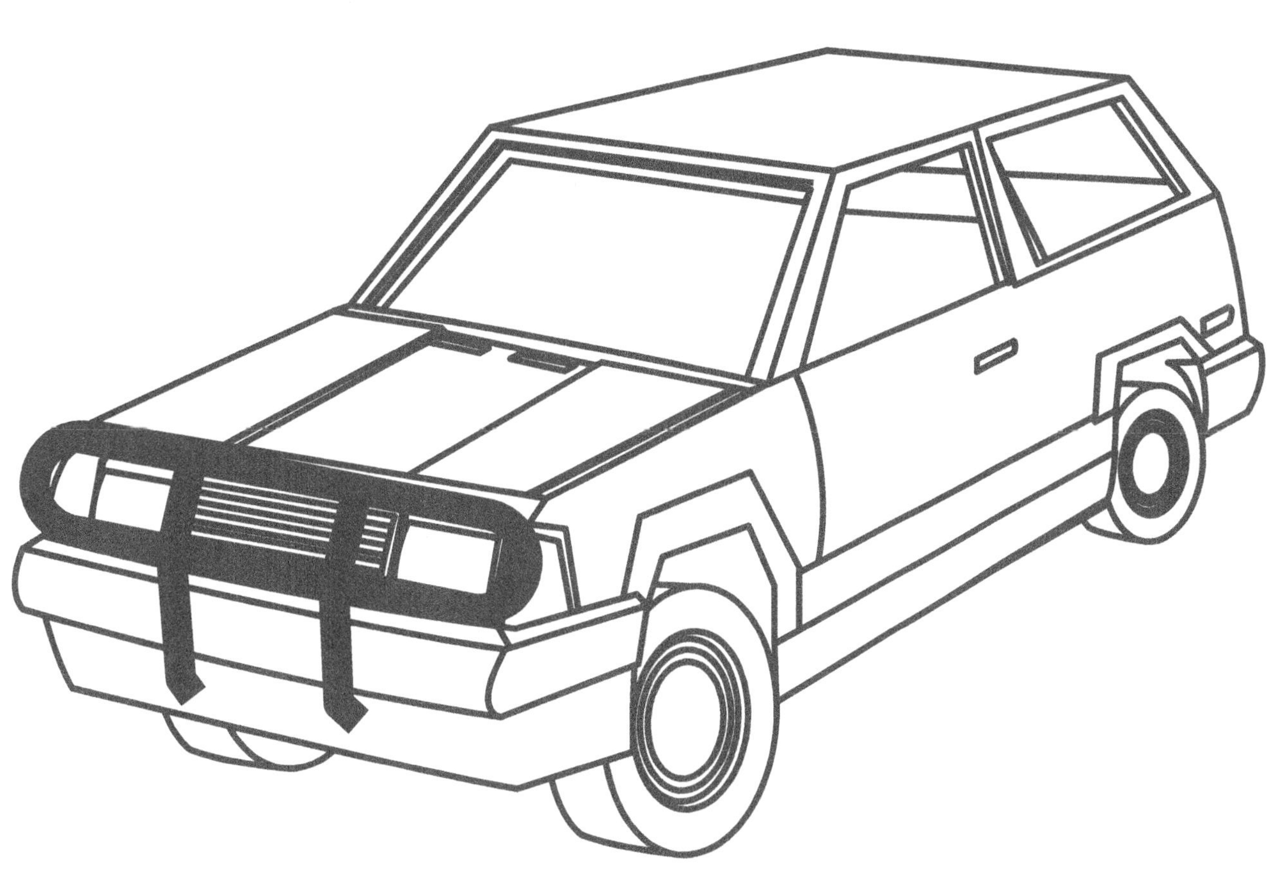

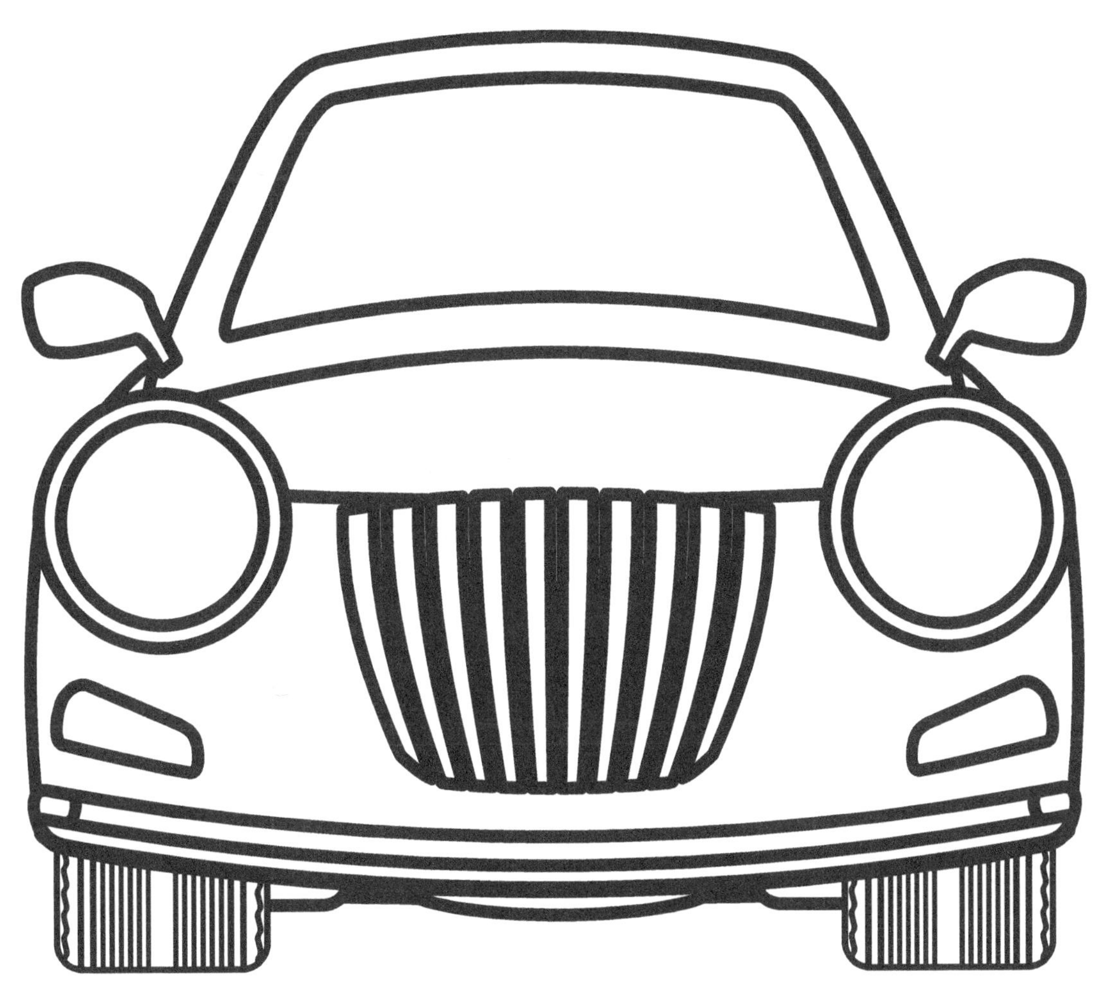

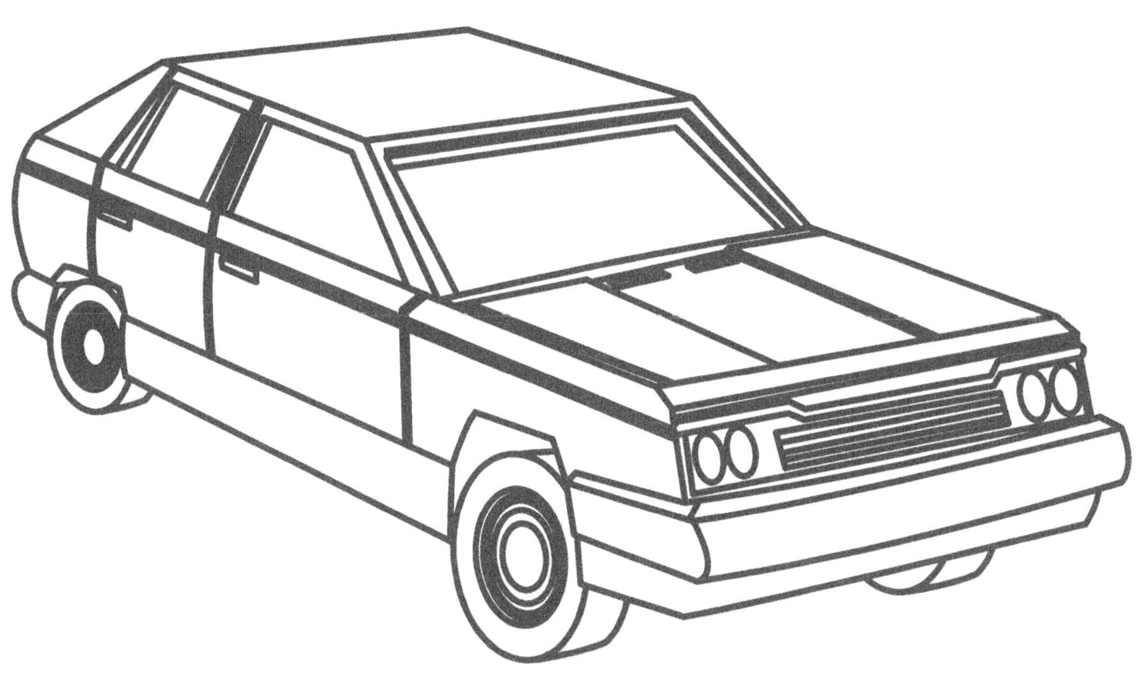

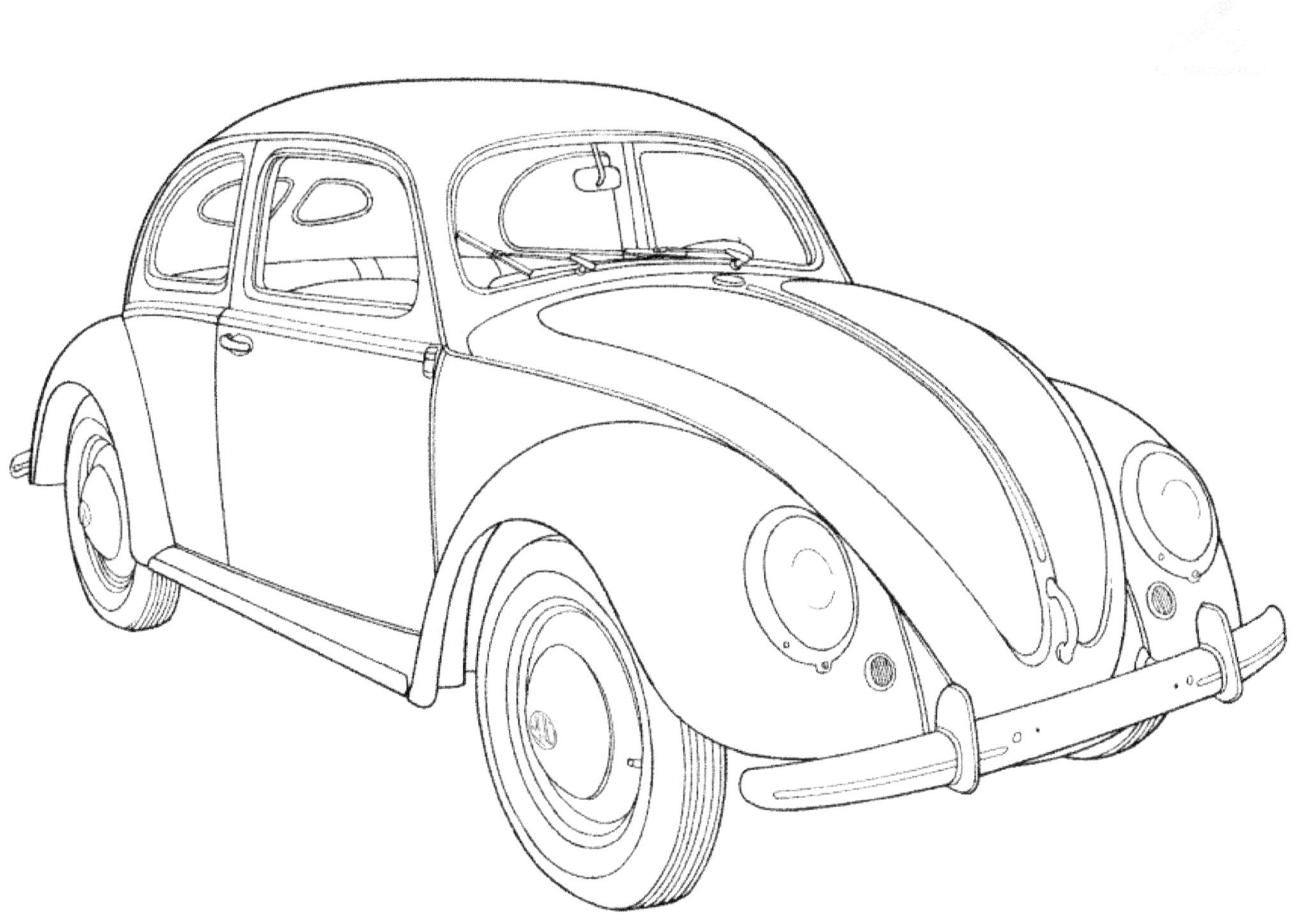

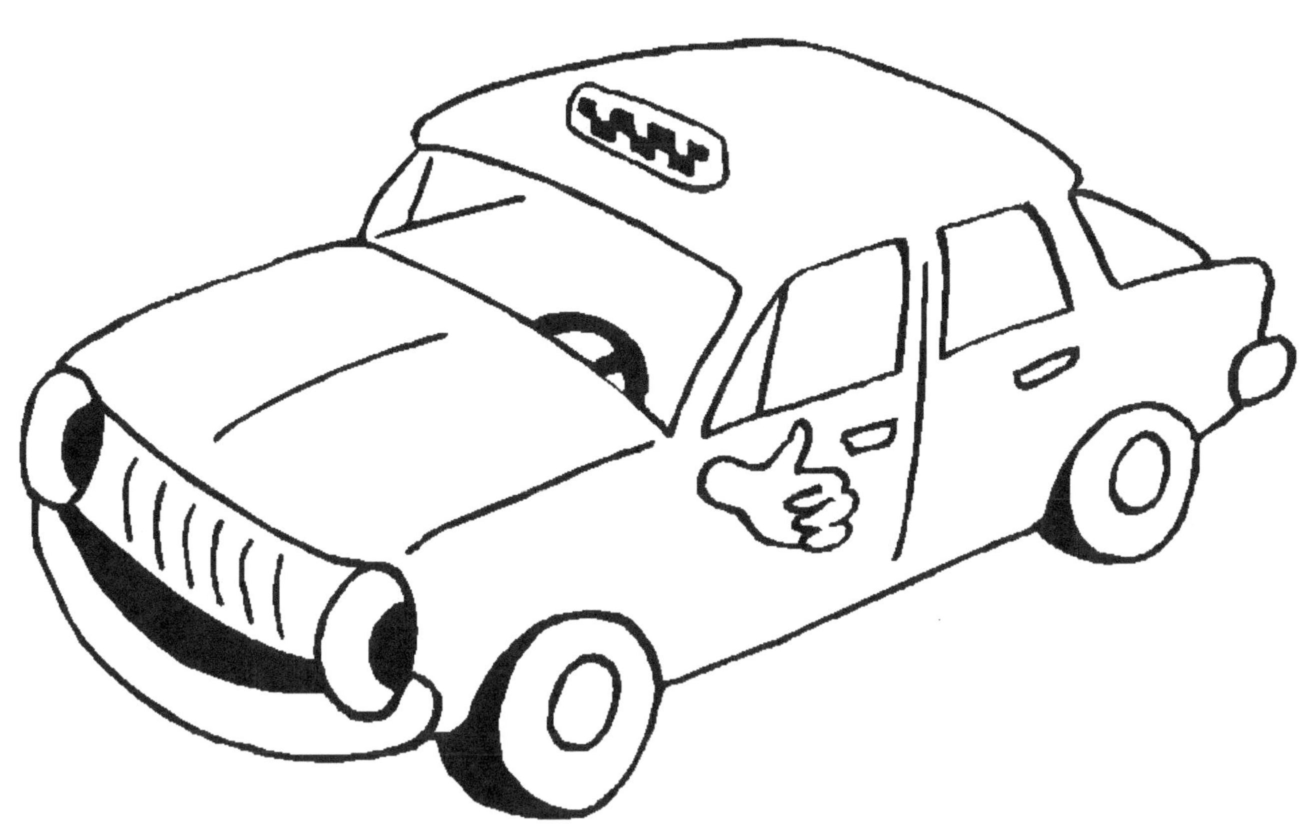

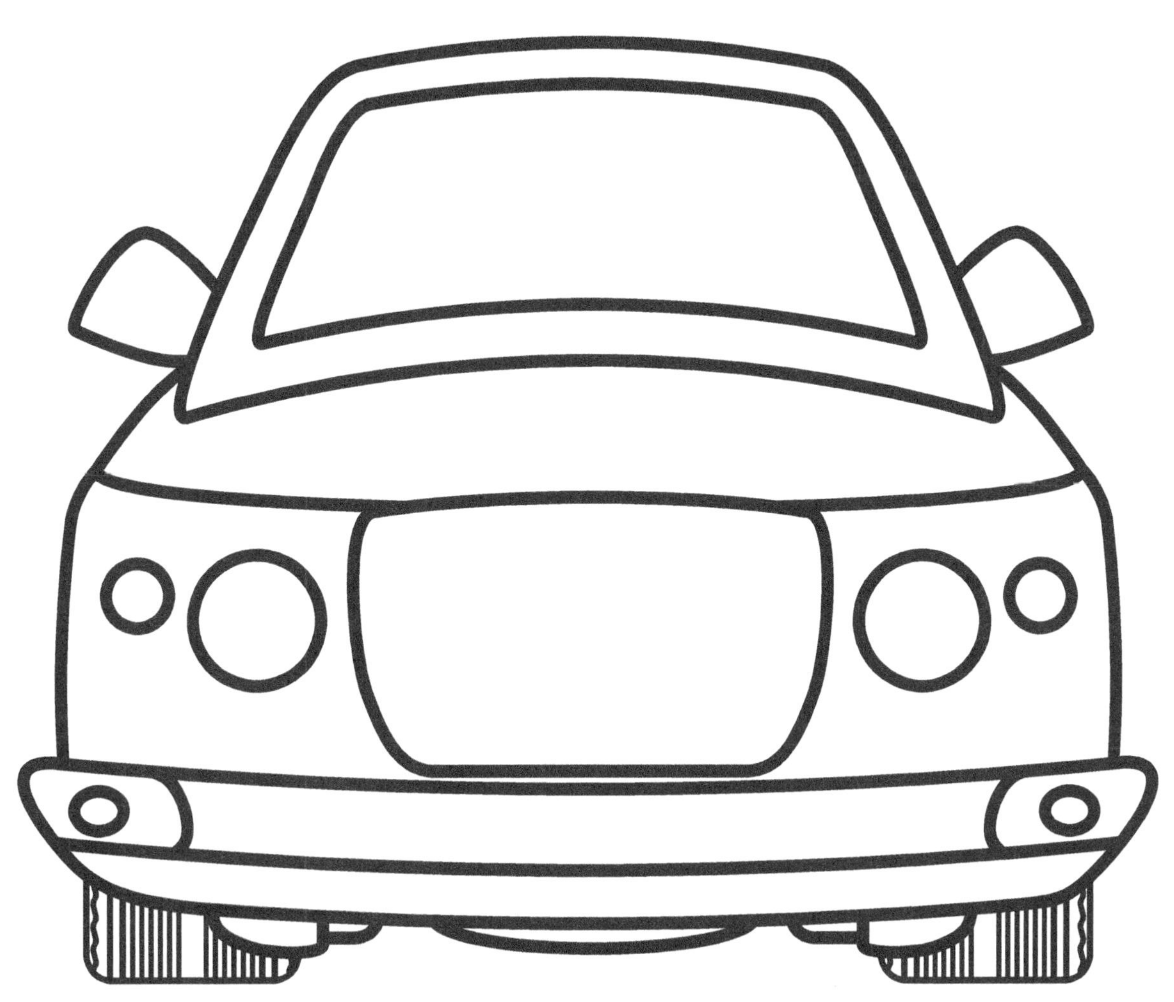

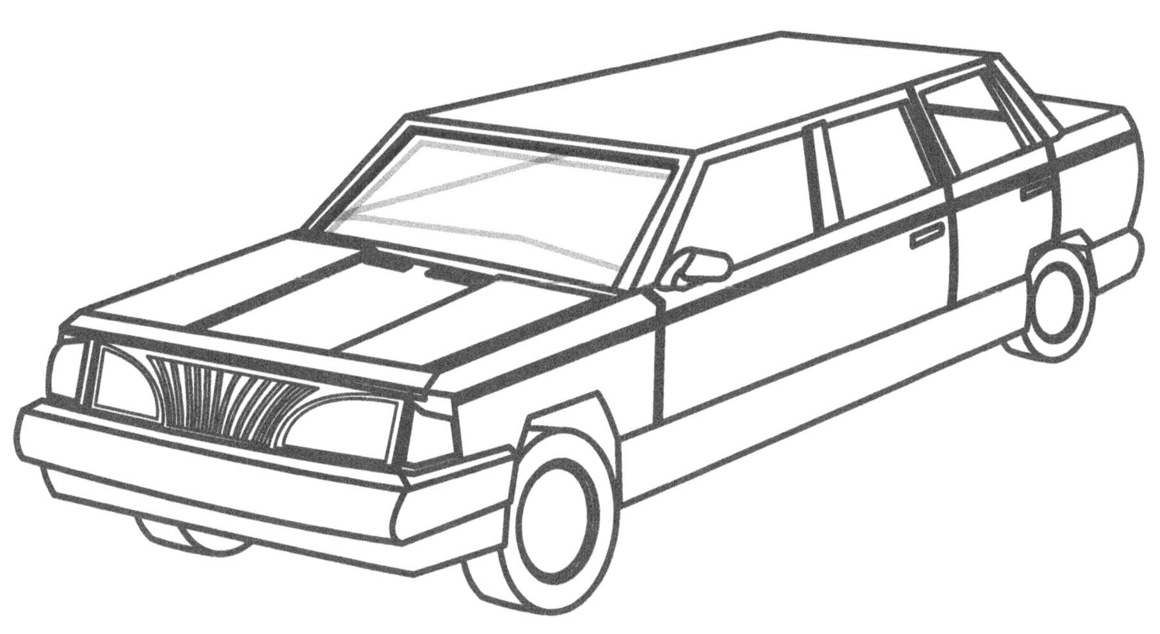

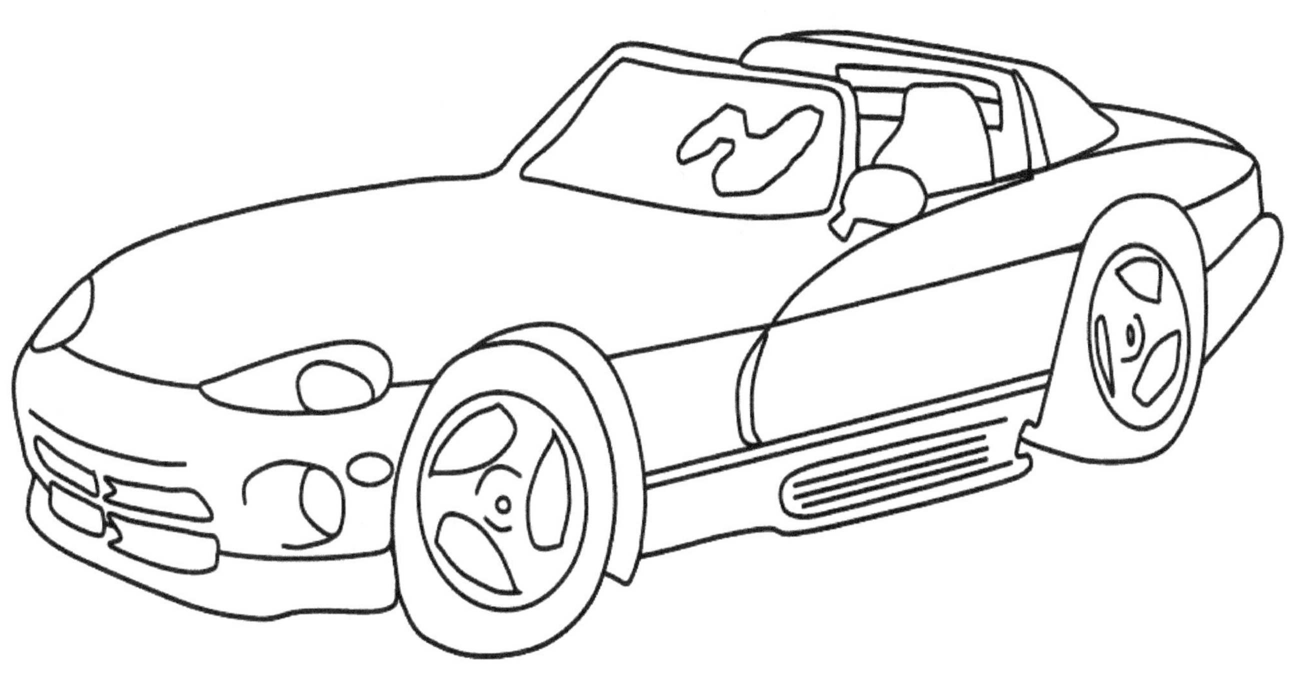